LA CRISIS DE LA ALTA CULTURA EN CUBA

***

INDAGACION DEL CHOTEO

D1560040

COLECCION CUBA Y SUS JUECES

EDICIONES UNIVERSAL, Miami, Florida, 1991

JORGE MAÑACH

LA CRISIS DE LA ALTA CULTURA EN CUBA

***

INDAGACION DEL CHOTEO

(Edición al cuidado de Rosario Rexach)

..EDICIONES UNIVERSAL

Reedición 1991 de

Ediciones Universal
P.O. Box 450353
Miami, FL 33245-0353. USA.

Library of Congress Catalog Card No.:
38-21562 (La crisis de la alta cultura en Cuba)
75-81125 (Indagación del Choteo)

I.S.B.N.: 0-89729-606-0

Cubierta: Oleo de Jorge Mañach por Jorge Arche

Ediciones Universal agradece a la hermana de Jorge Mañach, Mañach de Goodman, la autorización para realizar esta edición.

Agradece también la colaboración de Rosario Rexach y Ana Rosa que hicieron posible esta edición.

Esta edición se hace en conmemoración y homenaje en aniversario de la muerte de Jorge Mañach, durante su exilio en Rico, el 25 de junio de 1961.

INDICE

Unas palabras de introducción,
Rosario Rexach 7

La crisis de la alta cultura en Cuba 15

Indagación del choteo 51

Apéndice: Carta de Miguel de Unamuno 95

UNAS PALABRAS DE INTRODUCCION

Los dos trabajos que se reúnen en este libro –bien lo saben los entendidos– son los primeros ensayos de largo aliento intelectual que escribió Jorge Mañach. No debe sorprender. Para la tarea venía preparándose morosamente. Como escritor, su capacidad expresiva había ido refinándose y adquiriendo más estilo desde hacía varios años. Pues desde 1922 era colaborador asiduo del periodismo y de algunas revistas. Y esa preparación se extendía al entrañamiento cada día más vivo de sus esencias cubanas. Tal vez si porque había pasado parte de su niñez y primera adolescencia en Castilla y luego, el resto de su primera juventud, en Cambridge, Massachussetts, en Harvard y después en París. Quizás sea Jorge Luis Martí quien más claramente ha intuído esto al escribir: "Entre los veinticuatro y veintisiete años de edad Mañach va puliendo su instrumento expresivo y va identificándose con el ambiente cubano".[1]

El primer trabajo, *La crisis de la Alta Cultura en Cuba*, fue inicialmente una conferencia dictada en la Sociedad Económica de Amigos del País de tan honda tradición en la vida cubana. La disertación tuvo tal resonancia que la Sociedad decidió su publicación, lo que comunicó en carta debidamente elogiosa a su autor suscrita por ese cubano excepcional que fue Don Fernando Ortiz. La conferencia y su publicación datan de 1925.

Lo que en ella se dijo provocó –como es natural– los más variados comentarios en los círculos intelectuales. Unos pocos para no suscribir lo que en ella se decía. Los más, para pensar seriamente en los problemas que el ensayo planteaba y que Enrique Gay Calbó comentó después en la revista "Cuba Contemporánea" diciendo:

La clarinada fue útil, sin embargo. Y aunque no representara más que la opinión y el sentir de una parte de la juventud que acababa de llegar, tuvo como resultado la identificación de algunos jóvenes, todos ellos de los mejores, y acaso pueda decirse que de allí nació la tendencia a los esfuerzos actuales.[2]

El comentario es de 1927. Evidentemente, y para el momento, la tesis era polémica. En ella cargaba Mañach la mano –como joven que era– en la enumeración de los matices negativos de la cultura según la entendía la generación anterior que aun ejercía su poder en los medios culturales. En esto lo que motivó que Andrés Valdespino –que tan bien lo estudió– escribiese al referirse a ello lo siguiente:

> Puesta la mirada en el pasado y en sus grandes figuras representativas –Heredia, la Avellaneda, Villaverde, Casal, Martí, Varona– su visión se nubla al contemplar el presente, donde sólo ve un pavoroso vacío.[3]

Tiene razón el crítico. No se olvide, sin embargo, que la mirada siempre se nubla al apreciar lo muy próximo y el propio Mañach ha sido víctima posteriormente de esa ceguera que aun pervive en muchos círculos. Pero lo importante de la tesis es que despertó la conciencia de los jóvenes incitándolos a emprender seriamente una tarea de reforma de la vida cultural cubana hasta entonces encerrada en cierta atmósfera provinciana y retórica, aunque con excepciones más que notables.

En verdad, lo que la conferencia analizaba era ya una inquietud vivamente sentida en los ámbitos más alertas. Prueba de ello es que los jóvenes más destacados de entonces, entre lo que figuraba Mañach junto con algunos miembros de la generación anterior, se reunían regularmente para discutir ideas y otros temas afines a la cultura. Esto fue lo que luego se consagró con el nombre de "Grupo Minorista". Y aun una revista, predominantemente de sociedad, como lo indica su nombre, "Social", admitía en sus columnas artículos muy serios sobre muchas de las corrientes circulando por el mundo. Y una mujer excepcional, María Teresa García Montes de Giberga, ya había fundado años antes esa organización que se llamó Pro-Arte Musical para fomentar el gusto por la buena música rebasando los límites populares, aunque sin despreciarlos. El ensayo de Mañach pues, era semilla destinada a germinar en suelo fértil. Y su importancia estriba en la seriedad y rigor con que el autor se planteó el tema registrando fallas, analizando datos y abriendo perspectivas para su superación.

El eco de las ideas expuestas pronto se hizo sentir y el mismo Mañach consciente de la responsabilidad en que había incurrido se apresuró a sugerir remedios, los cuales inicialmente no formaron parte de la conferencia, pero que para su publicación los añadió como apéndice, habiéndolos antes hecho públicos en el periódico. Una de las medidas propuestas era la necesidad de llevar la cultura a las grandes masas del país con una política centrada en el Ministerio de Educación, y cuya misión esencial sería la difusión de la cultura y la creación de becas y premios para los que a ella se dedicasen. Y por azares del destino, cuando él mismo fue Ministro de Educación por breve tiempo, en 1934, llevó a vías de hecho su idea. Por eso pudo escribir años después Félix Lizaso lo que sigue:

> Un hombre que había formado en "la protesta de los trece" en el "grupo minorista" y en la "revista de avance", Jorge Mañach, estructuró desde la Secretaría de Educación un organismo capaz de llevar a sus más altas consecuencias los beneficios de la cultura. En 1934 surgió la Dirección de Cultura y surgió con un amplio programa.[4]

Su primera publicación en lo que se llamaron "Cuadernos de Cultura" fue –añado ahora– la edición de una conferencia de Gabriela Mistral ofrecida en la Habana y titulada "La lengua de Martí". El ensayo *La crisis de la Alta Cultura en Cuba* fue pues, en verdad, una gran clarinada. Por eso tiene tanta razón Amalia V. de la Torre cuando resumiendo el valor de este trabajo ha escrito:

> A partir de esta ocasión, Mañach quedó consagrado como una de las figuras más respetadas en las tareas culturales e intelectuales de Cuba, y su presencia y su cooperación se hicieron indispensables en todas las actividades de esta índole que se quisieron emprender en Cuba con seriedad.[5]

Es así. Pero no debe la misión de quien prologa agotar el tema del análisis. Pues cometería el mismo error que los que al recomendar una obra teatral, cinematográfica o de ficción cuentan el argumento. No. Esto sería un pecado contra el lector y contra el autor. Y se privaría a todos del placer de leer unas páginas excelentemente escritas, muy bien pensadas y que rezuman una gran preocupación –como fue siempre en el caso de Mañach– por los destinos de su patria.

***

9

Indagación del Choteo fue tambien, en sus orígenes, una conferencia que Mañach dictó en la Institución Hispano-Cubana de Cultura, (1928). Parte de ella la publicó en la llamada "revista de avance" de la cual había sido fundador con otros jóvenes en 1927. Luego la editó como libro en las publicaciones de dicha revista en 1928.

En el fondo, el ensayo responde a las inquietudes y problemas que en su opinión pesaban sobre la cultura cubana y que ya había apuntado en su conferencia del año 25. Y en busca de una más clara intelección del tema se dio a la tarea de analizar con un escalpelo agudo y muy penetrante esa tendencia que existía en el cubano a "tirarlo todo a choteo". Pese a la aparente frivolidad del tema, Mañach hizo un estudio de gran seriedad asistido de sus múltiples saberes filosóficos y literarios. Sin embargo, en modo alguno estos saberes afectan la comprensión del asunto ni se hacen sentir demasiado. Pues era Mañach hombre tocado por la gracia en el decir que acompañaba, en las conferencias, con su voz excelentemente modulada e impostada, lo que hizo escribir alguna vez a Chacón y Calvo que Mañach tenía "arte de gran lector".

Pero es obligado aclarar, antes de seguir, que a muchos aspectos de la idiosincrasia cubana se habían dedicado ya múltiples comentarios y análisis. Quizás el más famoso, el *Manual del Perfecto Fulanista* por José Antonio Ramos de 1916. Pero ninguno logró la resonancia del de Mañach. Se explica. Los demás analizaban varios rasgos a un tiempo. En cambio, la *Indagación* se concretó a uno sólo: el choteo. Y lo examinó con rigor implacable. Ya se verá una de las razones para ello que quiero aducir al final. Por el momento sépase que muy pronto reconoció su valor el profesor Manuel Pedro González desde los Estados Unidos cuando para la revista "Hispania", en 1930, escribió:

Parecía imposible que sobre un tema tan poco propicio se pudiera bordar un estudio tan serio y sugerente...Mañach tropezó con la dificultad y a la vez con la ventaja de aventurarse en un terreno absolutamente virgen, no hollado todavía por nadie, y nos da un completo análisis de él que creemos difícil llegue a ser superado.[6]

Por supuesto, ya se ha visto que yerra el profesor citado al afirmar que era un terreno virgen. En lo que no falla es en la afirmación de que el análisis es difícil de superar. Por eso lo han elogiado justamente cuantos lo han leído y estudiado como Andrés Valdespino, Amalia de la Torre o Jorge Luis Martí que tan bien conoce la obra del autor y sobre quien ha escrito ese excelente y bien documentado libro titulado *El Periodismo Literario de Jorge Mañach.* Y que al referirse al ensayo que se comenta ha escrito:

> No obstante el valor de las anteriores investigaciones –se refiere a los trabajos precedentes a los que he aludido– sólo Indagación del Choteo logró la resonancia y la perdurabilidad en la atención pública, indispensables para un empeño moralizador y político.[7]

Lo que apunta Jorge Luis Martí es cierto. Guiado por su afán cubano de orientar a su pueblo hacia más altas metas, se dio Mañach a la tarea de indagar y estudiar la intimidad espiritual de Cuba para iluminar en la medida de sus fuerzas el camino a seguir. *Indagación del Choteo* fue un hito más en esa empresa. Y cuajó con un estilo que todos han ponderado, porque en el ensayo se aúnan la gracia y la lógica, el fino humorismo con la cita culta sin estorbarse sino complementándose. Por eso ha tenido tanta razón Octavio R. Costa cuando hace ya muchos años escribió:

> Su sensibilidad y su vocación de ensayista se va hasta los filones de los hechos, hasta el alma de las cosas, hasta el resorte íntimo y trascendente...Mañach capta la vibración oculta, el latir imperceptible, el sabor ignorado, el color escondido, la razón insospechada. Al revelar este universo ignoto, al decir lo que los demás no ven, adquiere esa originalidad, esa novedad, esa gracia, que es lo que le otorga el coeficiente específico que lo distingue y caracteriza. Ahí es donde está su perfil propio y la peculiaridad de su estilo.[8]

Pero dije antes que quería reservar para el final algo que en mi modesta opinión no se ha destacado previamente, pero que es hora de que se tenga en cuenta. Yo misma cuando he escrito sobre él lo había pasado por alto. Y es, sin embargo, importante, porque explica la finura del análisis, el método y aun –diría– la pervivencia y actualidad de los dos ensayos que aquí se comentan. Lo que quiero apuntar para llamar la atención de los críticos es que no debe olvidarse que en

Mañach –como en Ortega– había dos vertientes fundamentales. Una era el bien decir, lo literario, en suma. La otra era el rigor lógico, la penetración filosófica, la búsqueda de lo subyacente sin prejuicio alguno en el plano del pensamiento. No obstante, para moverse con soltura en esos campos hace falta la preparación. Mañach la tenía no sólo por sus estudios en Harvard y en París sino por otra razón, quizás más importante. Como ya he dicho pasó parte de su niñez y primera juventud en Madrid pues regresó a Cuba bien cumplidos los quince años –había nacido en Sagua la Grande en 1898– y en la Villa y Corte, curioso e inteligente como era, además de muy alerta a lo que lo circundaba, debe haber leído con fruición los artículos que publicaba ese escritor y filósofo –de moda entre la juventud– que se llamaba Ortega y Gasset. Y Ortega durante sus estudios en Alemania fue discípulo de Husserl, por lo que no debe extrañar que ya en 1913 en un artículo aparecido en la Revista de Libros se hiciera eco del método fenomenológico. Sería pedante y además, innecesario, que se diga en que consistía dicho método. Baste señalar que es una técnica que consiste en partir del fenómeno que se tiene ante la conciencia y en describirlo minuciosamente. No se parte de principios, sino de lo que "está ahí". Que lo que digo no carece de fundamento se evidencia por estas frases que el propio Mañach escribió muchos años después –en plena madurez– en su excelente ensayo *Examen del Quijotismo*. Allí dijo:

> ...si no fuese mi propósito evitar cuanto sea posible la jerga técnica en estas páginas, me atrevería a decir que, lo que en ellas se intenta es una fenomenología del quijotismo.....(El subrayado es mío)[9]

Y ya en *La crisis de la alta cultura*, tan lejos como en 1925, había escrito:

> ...puede que acertemos a encontrar...aquella posición que nos permita mirar a nuestros problemas con una suerte de positivismo de laboratorio, con la fría prosopopeya del investigador analítico...que examina las cosas como son, ateniéndose a los hechos....[10]

Con las frases citadas se confirma la sospecha de que –desde el principio– estuvo Mañach influído por las tesis de Edmundo Husserl que muy bien se avenían con la estructura analítica de su personalidad y con la superación del positivismo que tan bien había estudiado en Harvard y luego en París.

No creo se deba añadir nada más. Queden ante los lectores estos dos ensayos en que Jorge Mañach dio muestras de su seriedad intelectual, de su sensibilidad de artista de la palabra y de sus preocupaciones cubanas y que hicieron de él un gran ensayista como lo reconoció Andrés Valdespino al escribir:

> Mañach fue, sin duda, el primer ensayista de su generación, y el que en forma más orgánica y sostenida mantuvo su obra dentro de los cánones estéticos y de las aspiraciones culturales que esa generación se había trazado.[11]

Y basta ya de introducción. Ahora a leerlo.

Rosario Rexach
Nueva York, 14 de marzo de 1991

NOTAS

1. Jorge Luis Martí: El periodismo literario de Jorge Mañach. Editorial Universitaria, Puerto Rico –1977, p.92.

2. Enrique Gay Calbó.– "Bibliografía, Jorge Mañach" "Cuba Contemporánea". Tomo XLIII, No. 172 – (1927) p. 367.

3. Andrés Valdespino.– Jorge Mañach y su generación en las letras cubanas. Ediciones Universal – Miami – 1971 p. 65.

4. Félix Lizaso.– Panorama de la Cultura Cubana, Fondo de Cultura Económica. Colección Tierra Firme. Primera edición. México – 1949 – pp. 137-138.

5. Amalia V. de la Torre.– Jorge Mañach, maestro del ensayo.– Ediciones Universal.– Miami, 1978.– p. 63.

6. Manuel Pedro González.– Art. "En torno a los nuevos".– HISPANIA – Tomo XIII, No. 2, marzo, 1930.– p. 100.

7. Jorge Luis Martí.– Obra citada. p. 27.

8. Octavio R. Costa.– Diez cubanos. La Habana – 1945. p. 89.

9. Jorge Mañach.– Examen del Quijotismo. Editorial Sudamericana, Buenos Aires. –1950, p. 13.

10. Jorge Mañach.– La crisis de la alta cultura en Cuba. Imprenta La Universal. La Habana. 1925, p. 10.

11. Andrés Valdespino.– Ob. cit.– p.– 52.

LA CRISIS DE LA ALTA CULTURA EN CUBA

Conferencia leída por Jorge Mañach en la Sociedad Económica de Amigos del País y publicada por acuerdo especial de dicha Corporación.

Primera edición de la Imprenta y Papelería "La Universal", La Habana, Cuba, 1925.

AL LECTOR

—

La Sociedad Económica de Amigos del País, en la primera sesión académica de este su nuevo período de reorganización, brindó la tribuna a un joven compatriota de valimiento bien afirmado en las letras y en las artes, de juicio sutil iluminado por una ideación hermosa y sanamente aristocrática.

Jorge Mañach nos habló y el deleite con que hubimos de escucharle no fué menor que la meditación que hubo de producir.

La Sociedad Económica de Amigos del País ha tomado el acuerdo de testimoniar al Dr. Jorge Mañach su gratitud por la disertación con que hubo de regalarla y sus plácemes por el vigoroso análisis de la crisis de la alta cultura en Cuba. Y aun ha querido publicar la conferencia en la "Revista Bimestre Cubana" y en edición especial para obsequiar con ella al autor.

La centenaria corporación cree continuar sus tradiciones en pro del mejoramiento de la civilización criolla, estudiando los problemas vernáculos con objetividad y desnuda fe. Y es orgullo de quienes somos guardianes modestos de este sagrario de la cultura nacional saber como en la juventud llamea el mismo fuego que antaño ardiera en esta ara y como el culto al heroico patriciado cubano que nos legó la idea nacional, podrá un día ser trasmitido a quienes avivarán las glorias de Cuba en su propia gloria.

Jorge Mañach, cuya cerebración proteica es ya un definitivo valor en el acervo mental cubano, querrá recibir de los "amigos del país", y no tan sólo de los mantenedores del prestigioso título, esta expresión de admirativa estima y de nuestro augurio por sus triunfos personales en esa brega por el atesoramiento de cultura patria, que donde son tantos a deprimirla bien haya quien tanto hace por enaltecerla.

Fernando Ortiz,
Presidente de la Sociedad Económica de Amigos del País.

I

En cierta ocasión no muy lejana ni acaso del todo olvidada (tan ominosa fué, y tan llena de desmayos para la Nación) en que esta "Sociedad Económica de Amigos del País" lanzara a la conciencia pública un alarmado exhorto regenerador, me ocurrió aludir públicamente a ella con una parábola toda hecha de amor y de juvenil petulancia.

Era vuestra institución como una "abuelita blanca". Una de esas viejecitas arrellanadas en su butacón, frente a una ventana por donde ven pasar la vida. Apenas hablaba ya; sólo de vez en cuando se le escapaba a la viejuca, del pechecillo combo como buche de ave, un hondo suspiro de tristeza ante los desmanes de los nietos. ...¡Los nietos! En ellos había cifrado la señora todas sus ilusiones. Su sabiduría y su mediación ecuánime habían ayudado a reconquistar para la familia, honor primero, independencia después. Y ella, la abuelita amorosa, había dejado a su prole este legado, ungido de mimos y de esperanzas.

Luego, fué una historia vulgar de nuestro tiempo. El modernismo mediocre invadió las voluntades más jóvenes con su fiebre de oro, con su descuido de ideales, con su cinismo arrivista, con su preocupación de exotismo, de bienestar material y de mando plebeyo; e iniciando en aquella casona, santificada por mil heroísmos, un lento desplome de dignidades, los nietos se hicieron prósperos a costa de todo. Latía aún, allá en lo hondo, la conciencia familiar; pero con un latido tan tenue, tan de las últimas fibras, que ya no lograba sacudir la voluntad buena de los mozos. Sólo un último vástago, apenas salido de la adolescencia, se revolvía a veces, romántico y airado, contra aquella merma de ideales... Y he aquí que un buen día, cuando menos se esperaba, los labios trémulos de la anciana hicieron un gran grito de dolorida protesta; lo senil cobró de súbito lozana robustez; el bastón valetudinario se alzó en un gesto de airada disciplina. En toda la casa, que los nietos gobernaban, hubo un hondo estremecimiento, como si latiera, rápida y vital, al fin, aquella conciencia que se moría. Y el último vástago, el benjamín de la nueva generación, corrió a erguir su vigor mozo junto a las canas de la abuelita blanca.

II

Señores, desde entonces acá, la abuela y los benjamines hemos hecho las grandes migas. No os extrañe, pues, que sea una voz joven, una voz que acaso no ha conquistado todavía el derecho de negar nada (pues un filósofo de hoy enseña que los jóvenes nunca tienen razón en lo que niegan, pero sí en lo que afirman), no os extrañe, termino, que sea una voz sin autoridad ni pericia la que venga esta noche a departir en el regazo de la abuela sobre un problema familiar que los padres han descuidado. ¿Con quién mejor que con esta viejecita blanca, dónde mejor que en el recinto de esta Sociedad ilustre, "la más antigua de nuestras instituciones patrióticas y culturales", podrán hallar solaz, claridad y esperanza los nuevos ahincos espirituales de nuestra generación? ¿A qué vera mejor que a la suya podremos volcar nuestro descontento, renovar nuestras ilusiones y escudriñar con sereno rigor este fenómeno de la crisis de la cultura en Cuba, para el cual solicito hoy vuestra atención generosa?

Despojémonos, para indagar el desolado tema, de toda riesgosa exaltación, de todo premioso extremismo, de toda actitud, en fin, que no sea la del más cauteloso análisis. Harto hemos divagado, con cuitas y con endechas, en torno a estos gravámenes del ideal. Parece como si ya fuese hora de que la crítica nacional, absorta ante nuestros problemas como el bonzo sobre su ombligo, hubiera aprendido a trascender las dos posiciones elementales y extremas que hasta ahora ha tomado: el narcisismo inerte y la estéril negación propia. Pangloss nos ha llevado ya mucho de la mano; y Jeremías también. Los cubanos hemos venido figurando en una u otra de dos greyes igualmente mansas: los que opinan que "aquí ya todo está perdido" y los que proclaman a nuestra tierra como el mejor de los mundos posibles. Entre estas dos posiciones puede que acertemos a encontrar –puede que estemos encontrando ya, en esta resurrección de esperanzas políticas porque atravesamos– aquella posición que nos permita mirar a nuestros problemas con una suerte de positivismo de laboratorio: con la fría prosopeya del investigador analítico que no se entusiasma, que no se deprime, que desconoce igualmente la oratoria de los himnos y la de los responsos, que examina las cosas como son, ateniéndose a los hechos, y que al cabo –pero sólo al cabo– enardece sobre ellos sus esperanzas.

Yo, personalmente, no podría, sin desmentir mi partida de bautismo alzar una voz de mera queja. La juventud –por lo menos la juventud, que no ha gastado aún su lote de esfuerzo– tiene el derecho y el deber de confiar a todo trance. Pero de confiar desconfiando; de esperar sobre una base de convicciones claras y de robustos anhelos. Nuestro optimismo ha de ser el genuino, que se refiere siempre al futuro; el optimismo que se refiere al presente no es sino conformismo. En esta disposición de acuciosa objetividad, acerquémonos, pues, al problema de la crisis de la alta cultura en Cuba.

Fijaos que he dicho crisis, y que aludo sólo a la alta cultura. El concepto de crisis implica la idea de cambio; esto es, supone la existencia anterior y posterior de estados de cosas diferentes; denota un momento de indecisión frente al futuro en que no se sabe si el cambio ha de ser favorable o adverso. Tanto respecto del pasado como con relación al porvenir, nuestra alta cultura se encuentra actualmente en un instante crítico. ¿Cuál es esta alta cultura a que me refiero?

No es, claro está, la educación pública. Ni forma, por lo tanto, parte capital de mi propósito el hablaros del analfabetismo y de la deficiencia de la instrucción en Cuba. A esas furnias abismales, más de una vez os ha invitado a asomaros vuestro ilustre Presidente, y sólo por alusión tendré yo que referirme a aquellos problemas y a estos testimonios para insinuar cómo el analfabetismo y la insuficiencia de la educación nacional son condiciones en gran parte responsables del estado de bancarrota que atraviesa entre nosotros lo que llamamos la alta cultura; es decir, el conjunto organizado de manifestaciones superiores del entendimiento.

Pero sería error ingenuo pensar que un problema equivale al otro, o que el retraso de la cultura superior sea una mera repercusión, en un plano más elevado, del estado precarísimo de la enseñanza. Cierto, los dos hechos se tocan en su origen. Una colectividad en que se descuida el interés primario de la instrucción pública, o en que esa función no goza de todo el alcance que para ella reclama la opinión, es ya, por esas mismas limitaciones, un pueblo pobre en aquellas iniciativas individuales de superación que contribuyen principalmente a determinar, a la postre, la formación de la alta cultura. Mas no existe, por eso, una relación de causalidad entre ambos fenómenos. La

21

instrucción, la educación, responden a necesidades elementales y de orden general. En una sociedad civilizada, todos los hombres han de tener, claro está, un grado mínimo de preparación intelectual para que puedan participar de un modo activo y consciente en la organización social. La instrucción pública es, pues, una función extensa, de índole democrática. La alta cultura, por el contrario, es una gestión intensa –un conglomerado de esfuerzos individuales, especiales y tácitamente co-orientados– que crea una suerte de aristocracia. Por la instrucción los pueblos se organizan; sólo logran, empero, revelar su potencialidad espiritual mediante ese cúmulo de superiores aspiraciones y de abnegadas disciplinas que constituyen la alta cultura.

Una cultura nacional es, pues, un agregado de aportes intelectuales numerosos, orientados hacia un mismo ideal y respaldados por un estado de ánimo popular que los reconoce, aprecia y estimula. Consta, por lo mismo, de tres elementos: los esfuerzos diversos, la conciencia y orientación comunes, la opinión social. Ninguno de estos elementos –ni el principal de ellos, siquiera, que es el de los aportes individuales,– se basta por sí solo. La mera co-existencia territorial, en un país determinado, de numerosos espíritus de intelectualidad superior –hombres de ciencia, pensadores, artistas– no constituye por sí un estado de cultura nacional, como una multitud de hombres no basta a constituir una tribu o un ejército.

¿Os habéis parado a pensar por qué decimos de Francia que es un pueblo culto, negándole, en cambio, esa excelencia a los Estados Unidos, por ejemplo? ¿Será porque Francia es un pueblo más instruido? No, ciertamente. Todos sabemos que el país donde la instrucción pública ha alcanzado un grado superior de organización difusiva y de general eficacia es el norteamericano, con su admirable prurito de didactismo democrático, su espíritu de emulación y de cooperación, su independencia municipal, su muchedumbre de instituciones docentes. Y sin embargo, Francia, es, por unánime consenso de opinión, un pueblo mucho más culto. ¿Será, preguntamos otra vez, porque, con referencia a la población total, esta vieja nación ha dado al mundo en un período justamente determinado para la comparación, más y mejores hombres de alta cultura que los Estados Unidos? A mi juicio, este criterio meramente cuantitativo (pues, a la postre, toda cualidad se resuelve también en cantidad...) no es el que preside nuestro discernimiento. Sería harto difícil, en efecto, probar, que en el medio siglo anterior a la guerra, por ejemplo, los Estados Unidos no han hecho a la cultura universal aportes tan numerosos y tan importantes como aquellos de que Francia blasona; pero aunque esa inferioridad fuese indubitable, repito que su consideración no me parece haber influído sobre el concepto comparativo que nos hemos formado al estimar la cultura de ambos pueblos. No: lo que da y ha dado siempre a Francia su prestigio tradicional de pueblo culto es, con la cantidad de hombres excelsos que produce, la evidencia de que entre esos hombres existe una suerte de unión sagrada, una fe y un orgullo comunes, una coincidencia de actitudes hacia la tradición del pasado y hacia los destinos del futuro; y además, en todo el pueblo francés, en el campesino o en el obrero más humildes, un aprecio casi supersticioso de las virtudes intelectuales de la nación. La cultura francesa, más que un concepto bibliográfico, es un concepto sociológico: el tono espiritual de todo un pueblo, una realidad intangible, un ambiente.

Advertimos, pues, que la cultura se manifiesta como una unidad orgánica, no como un agregado aritmético. Muchedumbre de poetas, de inventores, de filósofos, no formarían nunca, en la estimación ajena al menos, un estado de superior cultura, a no ser que todos esos esfuerzos, aunque aislados en la apariencia, se hallen superiormente vinculados en una aspiración ideal colectiva, movidos por una preocupación fraterna. Este vértice de comunes alicientes, es la conciencia nacional, con todos sus orgullos, sus anhelos, sus bríos asertivos, su dignidad patriótica. Por eso la formación de la alta cultura en los pueblos jóvenes suele estar condicionada por la aparición de un ideal de independencia y de peculiaridad –es decir, de independencia política, como Estado, y de independencia social, como nación. Una vez realizados esos dos ideales, la cultura propende a su conservación y ahinco. Así, en Francia, la cultura nos parece superior, y lo es en realidad, porque la hallamos siempre puesta al servicio de una personalidad colectiva ya cuajada. En cambio, los Estados Unidos no han tenido hasta ahora sino una cultura aritmética, sin apariencia alguna de organicidad, debido a que la conciencia nacional está todavía esbozándose en ese crisol insondable de todas las escorias europeas. La región más verdaderamente culta de ese país –la Nueva Inglaterra– es precisamente la que de todas ha tenido siempre una conciencia étnica y social más definida; y aún allí vemos que la decadencia contemporánea de su prestigio intelectual coincide con la debilitación de aquella conciencia puritánica al influjo de ciertas inmigraciones que la han adulterado.

III

Entre nosotros también, la cultura nació con los primeros albores de la conciencia insular. No es menester, ante un auditorio tan avisado como el que en estos momentos me honra con su atención, detenerse a señalar pormenorizadamente los viejos avatares de nuestro progreso colectivo. Pero si se intentara, a guisa de tabla de referencia, una síntesis de esa evolución desde la época primitiva de la colonia hasta ésta que hoy vivimos, parece que pudieran fijarse escuetamente cuatro extensos períodos, cuatro fases en el desenvolvimiento de nuestro esfuerzo y de nuestra conciencia nacionales. Esas fases son: la que convendría a nuestro objeto llamar pasiva, que comprende toda la primera época inerte y fideísta de la colonia, hasta 1820; la fase especulativa, caracterizada por la incipiencia de las inquietudes intelectuales y patrióticas; la fase ejecutiva, que abarca todo el período libertario iniciado en el 68; y, en fin, la fase adquisitiva, durante las dos décadas de vida republicana que nos traen a los días actuales. Pues bien: mientras, a lo largo de ese proceso histórico, la instrucción se desarrolla entre nosotros lenta y, por así decir, horizontalmente, la cultura, en cambio, fuera de toda correlación, describe una trayectoria ascendente que alcanza su nivel máximo en la época inmediatamente anterior a las guerras por la independencia. Verifiquemos esta síntesis.

El primer cuarto del siglo XIX –la fase que he llamado pasiva, dando a la palabra un sentido social e histórico– sólo conoció, para la cultura, escasos esfuerzos individuales por parte de algunos espíritus deleitantes –"curiosos", como se decía entonces– desprovistos de toda mira trascendental. El Padre Caballero, D. Francisco de Arango y Parreño, D. Ventura Pascual Ferrer, el mismo D. Tomás Romay, tan nutrido y fecundo, eran meros eruditos de sociedad colonial, hidalgos leídos, pero sin ningún anhelo riguroso de disciplina, de perfección, de aplicación práctica del saber; y lo que es más importante: sin ninguna aspiración ideal suficientemente concreta que hiciera de sus elucubraciones verdaderos aportes a un acervo de cultura. Fué necesario que se formase paulatinamente, a partir de 1820, un ideal más o menos definido, más o menos puro, de dignificación colectiva, para que se estableciera entre los altos espíritus una vinculación espiritual propicia al desenvolvimiento riguroso de las disciplinas intelectuales. El

24

movimiento liberal reflejo de 1820, y la misma reacción política que le siguió, estimularon los ánimos a la especulación, engendrando en ellos un anhelo de personalidad, de afirmación insular, de independencia relativa, en una palabra. Poco perspicaz sería quien pensase que los prístinos orígenes de nuestra libertad no aparecen sino hasta cuando, mediado el siglo, comenzaron a urdirse las primeras intenciones separatistas. El espíritu de independencia anterior siempre a la voluntad de independencia, data de muy antes. Aunque se revistiera de eufemismos y de actitudes no políticas, aunque se tradujese en esfuerzos y programas de mera reforma social o económica, como el educacionismo, el abolicionismo, el librecambismo y tales, la inquietud íntima tenía ya ese carácter afirmativo de la propia capacidad que es el caldo de cultivo de todas las emancipaciones. Y nótese, porque esto es lo capital desde nuestro punto de vista, que a medida que ese anhelo de afirmación insular se iba cuajando en los espíritus, la cultura adquiría más inequívocos visos de seriedad. Numéricamente, aumentaban sus cultivadores. Cualitativamente, la especulación intelectual se hacía más rigurosa, más intensa, más pugnaz: el diletantismo cedía al profesionalismo ideológico; el concepto de la disciplina se establecía prestigiosamente; germinaba el espíritu crítico evidenciado en el debate y en la polémica; cundía la noble pugna de los métodos y los conceptos; reñidas eran las oposiciones universitarias; la prensa exigua se animaba, en su elementalidad, de preocupaciones trascendentales. Un prurito de emulación, de honradez, de sinceridad en las cosas del saber; una preocupación más honda por el sentido y el aleance de las ideas; un ansia de extranjeras novedades; una actitud de análisis hacia los problemas; un desdén de lo fútil y lo improvisado; un afán de aplicar prácticamente los principios a las instituciones; una vaga ansia de albedrío y substancialidad local, en fin, caracterizaban ya las especulaciones de aquellos cultos del 36, modelos para nuestros simuladores de hoy. En lo hondo, la aspiración era una, no importa qué diversas sus manifestaciones. El ideal de Patria, aunque todavía sin connonotaciones políticas muy perfiladas, animaba aquellas voluntades. Cuando se hablaba de la tierra, empezaba a decirse "la Isla", en vez de "el País". Y aunque la enseñanza era todavía, a mediados del siglo, notoriamente inadecuada; aunque ni por la cantidad ni por la calidad de su producción intelectual pudiera decirse de los Varela, Luz y Caballero, Saco y Del Monte que fuesen representantes de un apogeo deslumbrador, ¿quién negará que fué aquella

25

la época en que nuestra cultura ha sido más rigurosamente tal, debido, en cierta medida, a la comunidad de ideales que la integraba?

Respecto de aquella fase especulativa de nuestra evolución intelectual, la época de hoy es, con toda su aparente superioridad, una época de merma y de crisis. Al período especulativo de Saco y de Heredia –porque también los poetas especulan a su modo– a aquella época que engendró el espíritu de nacionalidad y, por éste, la incipiencia de una cultura verdadera, sucedió una era de resoluciones, la época que he llamado ejecutiva, porque ya, en efecto, no se trataba tanto de ventilar como de realizar. El 68 marcó el ascenso de la voluntad sobre la curiosidad. A su manera indirecta, y a las veces pacata, la cultura había ido formando el brío sedicioso que ahora iba a cuajar en libertaria violencia. El dinamismo de la acción nació, como suele, del aparente estatismo de las ideas –estatismo de redoma – en que las reacciones se producen recónditamente, bajo la densa calma exterior del precipitado.

Pero se dijera que es sino de las culturas el retardarse a sí mismas por la virtud de sus propios efectos. La cultura, en un pueblo sometido, engendra la acción, y la acción siempre sumerge temporalmente la meditación. Así, las guerras libertarias, consecuencia en cierto modo intelectual, ahogaron la intelectualidad. Aunque la acción libertadora no fuese entre nosotros ni tan intensa ni tan unánime que enlistase en su servicio todos los espíritus superiores, antes bien se desarrolló como al margen de las disciplinas ciudadanas, estas disciplinas, sin embargo, perdieron la unidad y la tonicidad interiores que habían tenido antes de la Revolución. Toda, o casi toda, la cubanidad fervorosa se trocó en esfuerzo para la manigua. En las ciudades quedaron, abogando por el integrismo y sus matices, espíritus de indudable vigor; en el silencio de las bibliotecas y de los gabinetes, continuaron sus devociones algunos cruzados de las letras y de las ciencias; pero la unanimidad espiritual, la comunión de ahincos, el fervor de idealidades remotas, se diluyeron en la atmósfera cargada de inquietudes y disidencias. La guerra de independencia, pues, al destruir la unidad espiritual de la cultura, desterró de entre nosotros la contemplación, nodriza perenne del saber, y nos conquistó la dignidad política a cambio del estancamiento intelectual.

El ideal libertario lo absorbió todo. Una vez realizado, quedó nuestra sociedad estremecida del gozo de su conquista y harto fatigada también del espasmo para cortejar nuevos ideales, porque todos los

26

deliquios de amor cobran su tributo de cansancio. Agotados de momento todos los bríos, se perdió la disposición al nuevo esfuerzo. Gastados todos los impulsos del espíritu colectivo en una concentración militante, la hora del triunfo marcó también un momento de penuria espiritual que todavía estamos viviendo. Nuestra Cuba se abandonó a una gozosa lasitud, a una como disposición apoteósica, franca a todas las voluptuosidades, reacia a todos los rigores y alucinada de líricos optimismos, como el mozo que entra en posesión, sin trabas al fin, de su cabal hacienda.

¿Ha de extrañarse, pues, que las primeras décadas de nuestra vida republicana hayan sido nada más que un epinicio confuso y estéril, un desbandamiento de mílites orondos, con algo de vandalismo hacia la cosa pública y mucho de caudillaje y de indisciplina? La Historia no improvisa halagos ni ofrenda regalías. Lo que da, lo cobra. Toda conquista culminante pide su sacrificio previo y exige sus réditos de desengaño. Una revolución política que triunfa trae consigo, fatalmente al parecer, un período sucesivo de apatía, de indigencia ideológica y de privanza de los apetitos sobre el ideal. Abocados al panorama ubérrimo de juvenil albedrío, creyeron los cubanos de la pasada generación que podían seguir viviendo en usufructo de los viejos ideales triunfadores y que el progreso se nos daría por añadidura. Hubo un descenso general en el tono anímico de nuestro pueblo. No se comprendió la necesidad urgente de buscar un contenido trascendental para la patria meramente política que acababa de ganarse. Creyéndolo totalmente utilizado, se desechó el espíritu colectivo, y el individuo se afirmó reclamando sus derechos en la conquista de todos. Al desinterés, siguió la codicia: a la disciplina, el desorden pugnaz; a la integridad de aspiración ideal, una diversificación infecunda: a la seriedad colectiva, el "choteo" erigido en rasgo típico de nuestra cubanidad.

El "choteo" fué, en efecto, uno de los elementos perniciosos que entró entonces en el vivir cubano. Con él, la irresponsabilidad individualista y el prurito adquisitivo que le dió su tono peculiar a la nueva etapa. Esos tres agentes sutiles de amoralización, se combinaron para retardar el resurgimiento de nuestra cultura.

Del regocijo que nos dió el advenimiento a una vida nueva, plácida y libre, se engendró esa primera disposición, que han dado en llamar característica de nuestra índole. Consiste el choteo –todos lo sabéis– en pensar con Oscar Wilde que "la vida es algo demasiado serio para tomarla en serio"; paradoja que está muy bien cuando por "seriedad" se entiende ánimo grave, gesto ceñudo y falta de flexibilidad comprensiva para las flaquezas humanas. Pero si la seriedad consiste en la virtud de ponderar racionalmente las cosas, ajustando nuestra conducta a ese discernimiento cuidadoso, la máxima del ironista británico es sólo una pirueta que puede dar con los huesos en una cárcel, como le aconteció al pobre cínico de Reading Jail.

Pues bien: la falta de esta suerte de seriedad –y no el ánimo divertido y el pronto gracejo– constituye lo que en Cuba llegó a señalarse como vicio nacional. El choteo, no sólo invadió las actitudes y criterios de los individuos, sino que trascendió, por consecuencia, al orden social, intelectual y político. Epoca hubo entre nosotros en que el miedo de ser "choteado" –como decimos– impidió a los políticos tener alteza de miras, a los abogados rehusar pleitos infames, a los hombres casados ser fieles, a los estudiantes ser filomáticos, es decir, estudiosos, y al ciudadano en general ir a un entierro con chistera. Poco a poco, por contagio y por intimidación, la mofa llegó a formar ambiente, enrareciendo el aire moral del país.

Y a este influjo enervante, que descorazonaba todos los esfuerzos y rendía los más nobles estusiasmos, se añadió para hacer aun más estéril nuestra adolescencia republicana, la irresponsabilidad engendrada por la falta de sanciones serias y efectivas. En la improvisación enorme que fué nuestro estreno como pueblo libre, nadie pedía cuentas a nadie, porque la guerra había agotado a unos jueces y silenciado a otros; porque se habían perdido todas las pautas estimativas y porque, en último caso, todos, aptos o no, nos reconocíamos igualmente facultados por la victoria para el aprovechamiento de sus múltiples posibilidades. Así como en la política se entronizaron hábitos de incautación, de inconsulta insuficiencia y de favoritismo, convirtiendo la cosa pública en tesoro de todos y revistiendo al gobernante de una sonreída inmunidad, así también se desvalorizaron todas las demás funciones: fué catedrático quien quiso, periodista quien lo osó, intelectual el primer advenedizo capaz de perpetrar un libro, de pulsar una lira clarinesca o allanar una Academia.

El esfuerzo serio hacia la cultura fué, al través de estos tiempos orondos y libertinos, una actividad recóndita de algunos –muy pocos– espíritus aislados. Pero ¿podrá decirse que su labor fué indicio de verdadera cultura –en el sentido parcial de integración que antes le hallamos al concepto– cuando el mismo tímido aislamiento de aquellos

28

trabajadores y la discontinua parvedad de su producción intelectual hacían de ellos verdaderas excepciones?

La gestión educativa de la democracia, la instrucción pública, claro es que iba extendiendo entre tanto su dominio. Mal que bien, gracias al brío inicial que supieron infundir a nuestros administradores públicos los gobernantes de la Ocupación, y a la inercia con que se sostuvieron esos ajenos impulsos, íbanse abriendo escuelas y adoctrinando maestros, con lo que se le dieron las primeras embestidas al denso analfabetismo reinante en la República. Al cabo de diez años de esta labor, el nivel de educación general había subido al punto de suscitar no pocos optimismos que nos inducían a blasonar de ser ya un pueblo culto. Pero ni ésta era más que una pretensión insubstanciable, ni podía ella, en todo caso, justificar la confusión de la enseñanza con la verdadera cultura. Se había ganado en difusión, mas no en intensidad ni en nobleza de luces. En agricultura, como todos sabemos, se distingue cuidadosamente entre el método extensivo y el método intensivo de cultivación. Mientras aquél consiste en ir utilizando sucesiva y superficialmente los terrenos feraces de una tierra virgen, abandonándolos por otros a medida que su rendimiento deja de ser espontáneo, el método intensivo de los pueblos viejos consiste en extraer de cada terreno fatigado, mediante los estímulos o abonos artificiales del hombre, su máxima potencialidad. Pues bien: aplicando esa fraseología a la cultura –que al fin y al cabo es también, como la palabra lo indica, una forma de cultivo– podemos decir que nuestro desarrollo cultural ha sido hasta ahora extensivo y no intensivo. Se han ido cultivando superficialmente nuevas inteligencias; pero no se ha organizado la cultura intelectual en forma de que cada inteligencia dé, merced a los estímulos oportunos, su cabal rendimiento. El resultado es que hoy, a los veintitrés años de vida republicana, estamos todavía en un estado de estancamiento respecto de anteriores apogeos.

IV

Echémosle, si no, una rápida ojeada a las condiciones actuales que justifican esa aseveración. Sin perder de vista la obvia necesidad de generalizar y de apreciar los hechos relativamente a nuestra capacidad intelectual como pueblo, veamos en qué fenómenos notorios se manifiesta la dolorosa decadencia.

Notemos, en primer lugar, la falta casi absoluta de producción intelectual desinteresada entre nosotros. Llamo yo así a aquélla que en otros países se produce al margen de las actividades profesionales, no como un diletantismo o escarceo sin importancia, sino con el rigor, con el ahinco disciplinado y las serias ambiciones de una segunda profesión. (Las actividades académicas quedan, pues, descartadas de la colación presente, puesto que ellas suponen una función retribuída.) E impuestos estos límites, ¿cuántos ejemplos podréis citarme entonces de hombres que –como vuestro Presidente, por ejemplo, excepción ilustre y meritísima entre muy pocas– sepan o quieran robarle tiempo al tiempo para dedicarlo a las nobles cuanto improductivas tareas del gabinete, del laboratorio, de la biblioteca? Se dirá que la vida es muy exigente, que la apreciación es escasa, que el clima es impropicio, que los medios materiales necesarios no existen. Todo eso es cierto en parte, y la consideración de tales disculpas tendrá su momento cuando aludamos a las causas de nuestra penuria intelectual; pero el hecho en sí es que carecemos de ese alto y denodado esfuerzo, de esa briosa y heroica vocación a las labores más altas del entendimiento. Los Varona, los Aramburo, los Ortiz, los Guerra, los Chacón y Calvo, ¿no podéis contarlos con los dedos de una sola mano?

Aparte esa falta de dedicación marginal a ciertas especiales disciplinas, advirtamos que también va desapareciendo entre nosotros el tipo del culto enciclopédico, del hombre versado con alguna intensidad en múltiples ramas del saber. Se ha contagiado a tal punto nuestra curiosidad intelectual –¿pero es que en realidad tenemos verdadera curiosidad intelectual?– del prurito especializante, teorizado por el pragmatismo norteamericano; ha cundido tan extensamente entre nosotros el moderno afán hacia lo utilitario y lo práctico, que ya no se cosecha aquel "curioso" de antañazo, con el cual podía discurrir el coloquio por los más apartados y sinuosos meandros del humano conocimiento. ¿Cuántos hombres de nuestro tiempo han leído de veras a Ovidio y a Goethe, o cursado añejas teologías, o abrevado siquiera de paso en los manantiales filosóficos? Antiguamente, el bisabuelo de cada uno de nosotros era o no era partidario de Krause, había leído sus clásicos y sus enciclopedistas y esperaba con fruición la última entrega de alguna rara y abstrusa obra que los morosos veleros traíanle de Europa. Hoy día, apenas si nos preocupa otra cosa que los artículos de fondo (sin fondo) y, quizás, alguna novelita de ambigua notoriedad.

Cierto que existen todavía raros espíritus de capa raída y hasta algún mozo barbiponiente a quienes no les son del todo extrañas aquellas curiosidades de otrora; pero, aparte la exigüedad numérica de tales excepciones, no cifran ellas tampoco verdaderos esfuerzos en el sentido de una copiosa asimilación por el gusto de la sabiduría en sí. Se limitan a ser curiosidades en el sentido más frívolo, sin integralidad y sin método.

Una de las consecuencias –que es a la vez indicio– de esa desaparición del tipo enciclopédico, es la decadencia actual del coloquio. Buenos conversadores, conversadores amables por la amena fluidez, los tenemos todavía y los tendremos siempre como no degeneren las facultades de imaginación y facundia en que la raza abunda; pero "crisólogos" de la vieja hechura, aptos para la continuidad profunda en el discurso, agotadores del tema, ricos en la alusión erudita, vastos en el señorío ideológico, –de esos apenas nos quedan ya. La conversación se depaupera en el contenido como en la forma; pierde en médula lo que acaso cobre en agilidad y en audacia; no es ya exploración ponderada y grave de los asuntos, sino leve y veleidoso mariposeo. Y por consecuencia, la tertulia –aquella inefable institución de nuestros mayores– o no existe, o toma visos veniales de peña de café.

Y si es verdad que nos va faltando cada día más la superior producción liberal y el tipo de rica cultura y el conversador erudito, ¿no podremos afirmar otro tanto de la alta especulación en los órdenes menos desinteresados del saber; es decir, en aquellos que más estrechamente se relacionan con la profesión del medro cuotidiano? Yo, señores, que, como os dije al principio, quiero ser y soy profundamente optimista, pero con el optimismo riguroso que se refiere al porvenir y mira sin indulgencias al presente, tampoco hallo, en estas esferas de nuestra actividad intelectual, dechados que nos rediman de

31

la condición indecisa y precaria porque nuestra cultura atraviesa. Tenemos, es verdad, en el orden profesional y científico, hombres que llamamos con frecuencia "ilustres". Del campo, entre nosotros amplísimo, del Derecho, podemos espigar hasta media docena de nombres muy cuajados en su eminencia –nombres de jurisconsultos sapientes– que, desde la cátedra, desde el bufete y los estrados, y a veces desde los tribunales y asambleas más prestigiosos por su función universal, han conquistado, para sí mismos y para su patria, genuina distinción. Pero también estos hombres son excepcionales; y aún a los más de ellos habría que reprocharles, en justicia, el no haber contribuído a la cultura jurídica estante de su país aportes menos efímeros, recogiendo en la obra escrita el fruto de su saber y de su experiencia. Entre los demás de su dedicación, desaparece a ojos vistas el antiguo tipo del jurisconsulto profundo y erudito, cediendo el paso a la avalancha de abogados sin más disciplina que la muy positiva de las aulas universitarias, cursada a veces con una rapidez de meteoro. No sólo ha degenerado la profesión de abogado en su tono moral, sino también en su cultura. Ya no se producen abogados sabios: sólo se dan abogados "listos".

Aunque yo no quiero aventurar juicios condenatorios en terrenos vedados a mi directa experiencia, tengo entendido que algo muy semejante, aunque no tan manifiesto ni tan general, se echa de ver en las demás profesiones. En la Medicina, donde no deja de ser significativo el hecho de que el tipo erudito, o sea el clínico, ceda terreno al tipo práctico, o sea el cirujano. En las dedicaciones llamadas técnicas, como la Arquitectura y la Ingeniería, para las cuales el título profesional ya se considera menos que innecesario, porque bastan el experto mecánico y el contratista para satisfacer la demanda corriente, de donde se va engendrando una depauperación gradual de la alta pericia, del buen gusto y de la ambición innovadora.

En otras profesiones más alejadas de las exigencias utilitarias, la falta de estímulos a la superior disciplina va enrareciendo el entusiasmo y el deseo espontáneo de sobresalir, de perfeccionarse. Así sucede en la pedagogía, donde apenas se echa de ver el émulo del viejo maestro cubano, mentor espiritual de generaciones, a la manera del Padre Varela y de Don José de la Luz. La decadencia de la cátedra, por otra parte, es un fenómeno que se ha hecho últimamente tan notorio, con la ventilación de los problemas universitarios, que casi no sería menester subrayarlo si no fuese porque a ella, más que a ninguna otra influencia aislada, se debe nuestra actual penuria de cultura.

A nadie se le oculta que nuestra Universidad, salvo alguna que otra excepción rezagada del tiempo antiguo, no es muy rica en eminencias. El *scholar*, el savant de las universidades extranjeras, es ave rara en nuestras cátedras. En las facultades liberales sobre todo, es decir, en aquéllas donde la aptitud es puramente académica y no se deriva ni se fortalece del ejercicio exterior de una profesión, nuestros catedráticos, por regla general, son fatuas luminarias cuya suficiencia no corre parejas con sus pretensiones. Su ciencia es parva y, las más de las veces, deplorablemente retrasada en el contenido y en los métodos. La enseñanza allí padece de una externidad, de una superficialidad, encarecida por el alarde verbal. La sensibilidad fina, la erudición al día, el buen gusto expositivo, brillan por su ausencia. En unos cursos se estudian textos extranjeros antiquísimos; en otros, textos locales, del mismo profesor, que no tienen siquiera ortografía. La doctrina se dispensa en dosis homeopáticas, con criterios y programas rutinarios, y frecuentemente, a manera de concesión adusta o de paréntesis ingrato en otras faenas, por personas que no tienen o la vocación didáctica, o la competencia, o la madurez requeridas. Un programa general de enseñanza que es de lo más absurdo, estrecho y escolástico que darse puede; un régimen que inhibe a la Universidad de toda iniciativa trascendental, que la supedita en gran medida a inexpertos criterios administrativos, que la constriñe a la economía de una dotación precarísima y que la expone, además, de hecho, a las influencias gubernamentales y políticas, acaba de hacer completamente inerme, y hasta contrarios a los libérrimos intereses de la cultura, el más alto centro docente de la República, trocando así en ancla lo que debiera ser proa de nuestros anhelos renovadores.

¿Cómo sorprenderse, pues, de que aquellas disciplinas que por tradición y por natural índole suelen tener su más sólido asiento en las universidades, anden entre nosotros tan sumidas y desmedradas? La Filosofía, la Historia, las Ciencias Naturales y Exactas, la Filología, la Erudición y Crítica Literarias apenas si tienen en Cuba, fuera de la Universidad, esforzados que las divulguen con amor y suficiencia. Si en la Universidad los hay, tan escasos son sus arrestos, tan exigua su confianza en sí mismos, tan recatada su modestia, que ni se resuelven a llevar sus enseñanzas al libro, contentándose con ejercicios de seminario y discursos de veladas. Así se da entre nosotros, repito, el

33

triste caso de que, lejos de ser nuestra Universidad el refugio de toda especulación desinteresada, el foco de toda luz superior, el ejemplo y recurso de las vocaciones intelectuales, el representante máximo, en suma, de nuestra cultura –lejos de ser todo eso– constituye como un índice de nuestro alarmante utilitarismo y de nuestra pavorosa inercia para las cosas del espíritu.

Esa falta de ejemplaridad allí donde debían establecerse las pautas de valoración intelectuales y los más altos niveles del esfuerzo culto, ha contribuído mucho a favorecer el descenso en otros sectores extrauniversitarios del pensamiento. Reparad, si no, en la crisis que también sufren entre nosotros la oratoria, el periodismo, la ideología, las letras.

Cuba fué durante todo el período especulativo y ejecutivo de su historia un pueblo pequeño de grandes oradores. No es preciso, para corroborar el aserto, más que mentar los nombres de Cortina, de Figueroa, de Martí, de Montoro, de Giberga y de Fernández de Castro. Ellos cifran toda una gloriosa tradición tribunicia. ¿Podemos asegurar que hoy día se mantenga –no en cuanto a la cantidad, sino a la calidad, que es lo que importa– esa ejecutoria lucidísima? Contamos hoy con más "discurseadores" que nunca: entre ellos figuran todavía algunos verbos eximios. Mas ¿no son precisamente los veteranos del tiempo antiguo? De las generaciones posteriores, ¿podéis entresacarme más de dos, tres, cinco oradores jóvenes –y ya son muchos– que puedan justamente compararse con los próceres del autonomismo y del liberalismo antiguos? Aquella era oratoria opulenta de formas verbales; pero plena de pensamiento, nutrida de saber, noble y armoniosa de arquitectura, fina de léxico y aventajada en sus intenciones ideológicas. La oratoria de hoy día es, cuando mejor, mero derroche de sonoridades aparatosas y de tópicos más o menos consabidos. El discurso tiende a ser invertebrado, a carecer de toda trabazón lógica interior. Se han perdido las ventajas del cálculo y se han adquirido todos los vicios de la improvisación. Oir hablar a un orador del día ya no es un deleite edificante; es una disipación infecunda. Son los suyos discursos temerosos de la versión taquigráfica. Y así, no es sorprendente que entre la juventud más preocupada de hoy, entre la juventud excepcional que aspira, por encima de todo, a la precisión, a la claridad, al orden, se haya acentuado más que entre ninguna otra esa antipatía a la oratoria, característica de la conciencia intelectual contemporánea. Los malos oradores habituales han desprestigiado el género, creando un prejuicio en su contra.

¿Y el periodismo? ¿Os pareceré implacablemente universal en mi censura si afirmo que el periodismo, a pesar de su enorme avance material, ha sufrido un descenso paralelo al de la oratoria; esto es, que ha perdido su antigua densidad ideológica y su elegante decoro? El problema, en cierto modo, no es nuestro solamente. En casi todos los países, y sobre todo en los sajones, está cundiendo la alarma contra la insubstancialidad doctrinal, la pequeñez de intenciones y el exceso de informativismo premioso y superfluo que caracterizan la prensa contemporánea. Pero entre nosotros, a esos vicios de esta época frenética en que vivimos, aguijada por el prurito constante de la prisa, hay que añadir toda una muchedumbre de perversiones locales hijas de nuestro ambiente y de nuestro temperamento. Hay que añadir el "choteo" subterráneo que informa las graves reseñas camerales; el espíritu de fulanismo, de mendicidad venal y de medro vergonzante en las campañas; la adjetivación prehecha; el estridentismo populachero en los "titulares"; el sórdido énfasis en la nota delincuente que aguza las curiosidades malsanas de la plebe; el desinterés en el artículo bello y ponderado y el acceso a la profesión de gentes sin más título ni aptitud que su notoriedad de *condiottieri*, de negociantes turbios o de trepadores afortunados.

En el fondo, ese descenso del periodismo indica un doble rebajamiento: el de los conceptos morales y el de los conceptos intelectuales. Es, pues, una crisis de ética y una crisis de cultura, y responde, en parte, a la misma degeneración dual que se advierte en el tono corriente de nuestra ideología política. Los periódicos no son, en general, órganos de la opinión pública, sino de determinados intereses; órganos, a lo sumo, de partidos. Y los partidos políticos que los inspiran tampoco representan entre nosotros verdaderos movimientos doctrinales, milicias de principios distintos; antes son facciones que, por accidentes históricos, se turnan y contraponen en la disputa asaz corrompida del poder. Nuestra política –lo que, rebajando el noble concepto aristotélico llamamos "política"– no es más que un engranaje de atenciones y de intenciones menudas, cuotidianas e inmediatas, sin vuelos poderosos ni levantadas vislumbres que aspiren a ampliar los horizontes de nuestro prestigio. Si alguien se atreve a poner sobre el tapete legislativo una concepción audaz e innovadora, un programa de acción interna que organice y estimule nuestras energías nacionales, un proyecto de actitudes exteriores que nos destaque sobre los demás pueblos, redimiéndonos de nuestra pequeñez geográfica mediante la afirmación de nuestro albedrío y criterio propios, –si alguien, digo, intentara esa aventura, como no hubiese beneficios actuales de por medio, tened por seguro que se le tacharía de iluso y de romántico, sacándose a relucir en contra suya los consabidos y falaces argumentos de nuestra soberanía mediatizada y de la necesidad de atender a más concretos menesteres. Así se explica que no hayamos hecho tan sólo el intento de emular al Uruguay –república casi tan pequeña como la nuestra– en sus admirables avances dentro de la legislación industrial y social, ni a la Argentina en su política de inmigración, ni a México en su política de defensa de la propiedad. Así se explica que no tengamos asomo siquiera de una política antillana que nos vincule a las demás grandes Indias Occidentales, con vistas al lejano futuro. Así se comprende también que permanezcan sin resolver, con los problemas actualísimos de la Nación: el analfabetismo, la subordinación económica, la corrupción administrativa, el atraso y desorden jurídicos, aquellos otros problemas mediatos tan vitales como el de nuestra monoproducción azucarera, que nos obliga a ser un pueblo con una sola oferta y múltiple demanda...

Pero acaso penséis que me aparto demasiado, con estas implicaciones, del problema de la cultura en sí. Es que existe una noción corriente de que la cultura es sólo cosa de literatos, y que, por tanto, hablar de crisis de la cultura es aludir a una decadencia puramente literaria.

La noción no puede ser más simplista. Pero aceptémosla de momento y pensemos si, aun ciñéndonos al estado de las letras, no cabe señalar un evidente descenso en nuestro nivel cultural. ¿Dónde está, en efecto, la producción literaria gallarda y extensamente prestigiosa que corresponde a un pueblo de nuestra tradición? ¿Quién recogió la lira poderosamente templada de Heredia? ¿Quién la inspiración enérgica y la fecundidad gloriosa de la Avellaneda? ¿Qué bríos han sabido desarrollar, en nuestro siglo, las iniciativas precursoras de Julián del Casal y de José Martí en el Modernismo poético americano? ¿Dónde está el novelista que supere a Cirilo Villaverde, el ensayista que emule a Varela, a Saco o a Varona, el crítico que rivalice con Piñeiro o Justo de Lara?

Me anticipo a los reparos posibles. Se dirá que tenemos actualmente poetas de genuina inspiración, novelistas destacados, ensayistas de publicidad y nombradía y hasta periodistas con estilo. Cierto. Pero lo que se ha de ver es, por una parte, si son bastantes en número para que nos conformemos con ellos, a estas alturas de la evolución nacional; y por otra parte si esos valores en realidad satisfacen nuestro criterio más riguroso y legítimo en la hora actual. A estas dudas yo me contesto que las dos generaciones últimas no han producido, ni en número ni en calidad, una sola hornada literaria capaz de representarnos con el debido prestigio ante los pueblos extranjeros. De Martí para acá, el Santos Chocano, el Amado Nervo, el Lugones el Horacio Quiroga o el Vasconcelos no aparecen en Cuba por ninguna parte. Ante la misma América hermana, que con tan indulgente simpatía nos mira, Cuba es un pueblo sin literatura relevante en lo que va de siglo. Si figuramos todavía en el mapa literario de la América, se lo debemos a la ejecutoria de los viejos gloriosos. La juventud ahora estante, entre la cual se acusan, a no dudarlo, genuinas vocaciones y alentadores bríos, todavía no rinde sabrosa cosecha, sino fruto en agraz, a veces servido antes de tiempo y endulzado con el polvo de azúcar que son los encomios prematuros.

Nuestra cultura, digámoslo sin peligrosos disimulos, está también de capa caída desde el punto de vista literario. No se nos diga que no tenemos suficiente perspectiva sobre nosotros mismos para aventurar tal pronunciamiento. La perspectiva es necesaria dentro de ciertos límites: para aquilatar, para comparar, para medir; pero no se hace menester la perspectiva para juzgar si hay o no flores en un jardín y si las flores que hay son desmayadas o enhiestas, pálidas u opulentas. La perspectiva no nos hace falta, por ejemplo, para apreciar que, si el movimiento literario es entre nosotros injustificadamente moroso, en cambio el movimiento pictórico acusa cada día más fecunda actividad dentro de su tardía incipiencia. Este es un hecho que acaso deba atribuirse a la protección dispensada por el Estado al ejercicio y fomento de las artes plásticas. Si las letras gozaran entre nosotros aunque sólo fuera de esos elementales estímulos, la literatura actual no dejaría tanto que desear.

V

Pero esto ya me trae, señoras y señores, a la parte final de mi conferencia, en la cual intentaré brevemente precisar cuáles son las causas más generales de esta decadencia de la cultura, cuyas manifestaciones notorias acabo de esbozaros.

Dije al principio que una cultura nacional era un conjunto de aportes intelectuales numerosos, conscientemente orientados hacia un mismo ideal y respaldados por una conciencia social que los reconoce y estimula. De este concepto se desprende que son tres los elementos integrantes de un estado de cultura, y que, por consiguiente, la decadencia de un estado tal se deberá, o a la falta de alguno de esos elementos o a la condición precaria de ellos. Esta deducción nos permite dividir las causas de nuestra crisis en tres categorías: las causas individuales, las causas orgánicas y les causas sociales; o lo que es lo mismo: las deficiencias del esfuerzo, de la organización y del ambiente. Y claro es que, no siendo la cultura un complejo mecánico en el que se pueda localizar un entorpecimiento con toda exactitud, atribuyéndole la inoperación de todo el conjunto, esas causas se compenetran y superponen entre sí, al punto de que la crisis de la cultura aparece, en todo momento, como una consecuencia de la combinación de todas ellas, y no como un resultado particular de las que pudieran estimarse más importantes.

Existe, sin embargo, cierta jerarquía. Los motivos que influyen sobre la voluntad individual, que la determinan o la paralizan para la producción culta, son los principales y se originan unas veces en el fuero interior, otras en el medio circunstante. Entre los primeros hay que señalar, desde luego, la peculiar idiosincrasia del cubano.

En todos los tiempos nuestro carácter ha sido nervioso e inquieto por temperamento fisiológico: frívolo, actualista e imprevisor por hábito originado quizá en el aventurero atavismo colonial y en la próvida generosidad de la naturaleza que nos rodea. La índole frívola del cubano es proverbial. En algunos países (el mexicano Querido Moheno lo declaraba ha poco en su tierra) esa cualidad nuestra se ha llegado a hacer notoria, conquistándonos muchas simpatías y una miaja de jovial desconfianza. Por otra parte, nadie más actualista ni más imprevisor que el tipo criollo medio. Como la cigarra de la fábula, atiende al momento presente, al bienestar o a la satisfacción de ahora, sin dársele un ardite de la condición futura. Si yo tuviese tiempo para ello, pudiera citaros no pocos dichos y proverbios guajiros que expresan esa filosofía; y el acucioso folklorista que es vuestro Presidente no me dejaría mentir. Reparad, además, cómo el único vicio arraigado que en justicia quepa atribuir a nuestro pueblo es el del juego; es decir, el vicio imprevisor por excelencia.

Pues bien: estas cualidades del cubano, tan simpáticas en otras manifestaciones, hacen contra al esfuerzo y las iniciativas intelectuales. Porque todo esfuerzo intelectual para ser fecundo ha de ser sostenido, y para ser sostenido requiere cierta abnegación constante, cierto sacrificio del presente al porvenir; en una palabra: mucha disciplina y algún afán de gloria.

Aun cuando surgen entre nosotros vocaciones intelectuales, con frecuencia se malogran debido al influjo de otras cualidades de nuestra manera de ser. La versatilidad excesiva nos lleva a disipar nuestras energías en múltiples sentidos, la demasiada inteligencia nos hace peligrosamente fácil el esfuerzo, y nuestra peculiar riqueza imaginativa engendra peligrosas ficciones, tentándonos a reemplazar el estudio con la rápida intuición. A estas tres modalidades de nuestro entendimiento creo yo que hay que atribuir uno de los fenómenos más comunes en nuestra vida intelectual –la simulación. La simulación es en no pocos casos consciente, y la hallamos en el "intelectual" improvisado que escribe, enseña o diserta sin más preparación que la de unas aulas precarias y la de unas lecturas somerísimas; pero armado, en cambio, de una fatuidad y de una osadía inexpugnables. Otras veces, la simulación es inconsciente: la ficción de cultura se funda en una crencia de buena fe en la propia capacidad, creencia que se afirma por la falta de crítica autorizada y sincera en nuestro medio. A la postre, en fuerza de aparecer como paladines del saber, los simuladores se crean reputaciones, domésticas al principio, públicas después, y se hacen número inevitable de todas las veladas, miembros de todas las academias, usufructuarios de todas las representaciones culturales de la nación. Así también se forman con frecuencia los educadores de la juventud y los portaestandartes de nuestro civismo.

Ahora bien: si esas actividades anti-intelectuales del criollo temperamento son, como dije, de todos los tiempos, no hay duda de que ellas se han acusado en nuestra época al influjo del vivir moderno. Por una parte, la vida ha multiplicado sus alicientes cuotidianos y, con ellos, las tentaciones a nuestra frivolidad natural; por otra parte, al mismo tiempo que han aumentado las oportunidades de placer, el trabajo se ha hecho más imperativo y más árido, exigiendo, por tanto, una compensación tal, de reposo y de distracción, que no deja margen para el cultivo serio de las aficiones espirituales. Los deportes consumen los ocios de la juventud; la mera holganza por calles y paseos es más atractiva; el espectáculo exterior, al alcance de todos, nos absorbe. Como la lucha por la vida es más dura que nunca, el goce de la vida supone una mayor tentación. Así se da la paradoja de que el cubano de hoy sea más frívolo que el de antaño precisamente porque trabaja más.

Y la más democrática organización económica actual, ¿no nos prohibe también la actitud contemplativa, empujándonos hacia la incesante militancia del lucro? Ya apenas existe el hijo de familia patriarcal y acomodada que antaño hacía tertulias y sonetos para distraer la tristeza de ser rico. Los criterios sociales han evolucionado paralelamente con los imperativos económicos. Todos hemos de trabajar. El cubano de aptitudes intelectuales, aguijado por la necesidad de riqueza en una sociedad que estima más la opulencia que el talento, se dedicará al ejercicio muchas veces aleatorio, pero siempre lucido, de una profesión que lo absorbe y anula para otras atenciones cultas.

Su educación previa no le ha abierto perspectivas intelectuales que le hechicen y conquisten. En la escuela, en el instituto, en la Universidad, apenas se le pone eficazmente en contacto con los estímulos superiores del entendimiento. Si estudia ciencias y latines, es a manera de fría rutina escolástica que acaba por hacerle abominar de esos estudios, reñidos, después de todo, con el cínico materialismo circunstante. Y aun suponiendo que la enseñanza yerta de las aulas despierte en él vocaciones intelectuales ingénitas, ¿qué ha de hacer sino ahogarlas, olvidarlas, inhibirse de ellas, torcerles el cuello como el poeta de la parábola? ¿Acaso le ofrece el ambiente alguna invitación a que las cultive? ¿Quién remunerará adecuadamente su abnegación? ¿Le procurará el Estado algún "modus vivendi" decoroso con que pueda servir su propio ideal y, a la vez, los intereses generales de la cultura? Las cátedras son pocas, y muy francas a las codicias sin escrúpulos y a los "arrivismos" de compadrería. ¿Le ayudará algún Mecenas? La filantropía no es fruta tropical, ni se aviene con su decoro. ¿Le sustentará el público? Los periódicos no pagan para vivir, y el público no lee libros de autores cubanos... ¿Qué hacer? Todos lo sabemos: el intelectual se hará abogado, o quizás... político.

A la natural indisposición de su temperamento inquieto, imprevisor y epicúreo; a las exigencias de la organización económica, rigurosa y agotadora; a la privanza de la dedicación profesional, que le ofrece la más rápida compensación mediante el más lucido y fácil esfuerzo; a lo impropicio de su educación tenue y positivista; a la falta de estímulos y retribuciones creadas, se une, como un último motivo que lo determina en contra de la vida intelectual superior, la inclemencia de nuestro clima. Digamos, más específicamente, la inclemencia de nuestra temperatura. El calor no es un obstáculo insuperable contra las labores intelectuales; pero sin duda es una influencia hostil. Las civilizaciones tropicales han sido siempre más bien estéticas y militantes que especulativas. Ningún gran sistema filosófico ha sido compuesto a 76 grados Fahrenheit, que es nuestra temperatura media. La ciencia y la experiencia nos dicen que este caldeamiento enerva la voluntad y duplica la cantidad de esfuerzo que se requiere para un estudio determinado, haciendo ese esfuerzo más fatigoso y por ende, más difícil de sostener. De aquí que nuestras tentativas intelectuales se resientan, por imperativo climatérico[1] y fisiológico, de una levedad, dispersión e intermitencia adversas a toda producción intensa y fecunda.

Los aportes intelectuales que forman la base de la alta cultura llegan, en virtud de todas esas circunstancias impropicias, a requerir un esfuerzo verdaderamente heroico. Tenemos que vencernos a nosotros mismos, vencer las sugestiones externas, vencer hasta a la misma Naturaleza. Una vez realizada esa triple conquista, sin embargo, los diversos aportes triunfantes no logran formar todavía un estado típico de cultura. Es que les falta organización, contacto, orientación, hacia un ideal tácito, pero íntima y concientemente formulado. Trabajamos en nuestros gabinetes, mas no existe entre nuestros trabajos una vinculación de intenciones. Cada obrero tiene su pequeña aspiración, su pequeño ideal, su pequeño programa; pero falta la aspiración, el

---

[1] Nota del editor: Así aparece esta palabra en todas las ediciones. Es una errata repetida. La palabra correcta es climático y así debe entenderse para próximas ediciones.

ideal, el programa de todos – aquella suprema fraternidad de espíritus que, según vimos, es la característica de las civilizaciones más cultas.

¿Por qué estamos tan discordes, tan distanciados unos de otros? Nos observamos recíprocamente con fría displicencia, cuando no con fingidas o injustas actitudes. La crítica –esa función importantísima, organizadora de toda aspiración intelectual colectiva– no existe aquí. Apenas si tenemos sustitutos ínfimos, simulacros de crítica que se manifiestan, o en un espíritu de tolerancia campechana hacia la obra manifiestamente mala, o, por el contrario, en un espíritu de indiferentismo y hasta de gratuíta censura hacia la obra buena. En torno de ésta particularmente, cuando surge, se hace un vacío terrible que la boicotea, la zahiere, la asfixia. ¿Por qué?, preguntaréis. Unas veces por envidia humana, otras, por hábito de mofa; otras, en fin, porque se hace a la obra víctima de las antipatías personales que se ha captado el autor, al igual que acontece el contrario fenómeno de que la simpatía hacia el hombre engendre un aprecio desmedido de su obra.

No hay, pues, rigor crítico. Tampoco hay cooperación, contacto organizado. El individualismo imbíbito en nuestra raza hace a cada uno quijote de su propia aventura. Los esfuerzos de cooperación generosa se malogran invariablemente. Los "leaders" desinteresados no surgen. En los claustros, en los gremios intelectuales, en las academias, en los grupos, la rencilla cunde como la yerba mala por los trigales de donde esperamos el pan del espíritu. Todo es un quítate tú para ponerme yo. La cultura es un naufragio, y el esfuerzo un arisco sálvese quien pueda. Se ansía vagamente un estado mejor; pero no se lucha en cruzada de todos por realizarlo.

Y si a aquella inercia producida por el temperamento y la temperatura, si a esta desorganización engendrada por nuestro individualismo excesivo se agrega, por parte de la masa social anónima, que debe ser como el substratum de la cultura, su actitud de displicencia y hasta de menosprecio hacia las inquietudes intelectuales, veréis como se completa el desolado cuadro de nuestra crisis. El pueblo –y cuando digo el pueblo, me refiero a todas las clases no intelectuales de la Nación, desde el seno de la familia hasta la oficina y el ágora– el pueblo alienta ya de por sí una sorda antipatía, un irónico recelo contra toda aspiración en que le parece sorprender pujos de aristocracia. Son los hostiles "sentimientos primarios" de que habla Ortega y Gasset. Hasta hombres educados hallaréis que protestan contra la donominación de "intelectual", como si el así llamado pretendiese formar casta aparte, como si ese vocablo no fuese una simple denotación genérica, empleada para mayor comodidad al referirse a cualquiera que milite, como director o como sencillo obrero, en la causa de la cultura. Claro que el intelectual es –por desgracia– individuo de una minoría (en el sentido no cenacular de esta palabra...); pero de una minoría atenta como ninguna al bienestar y a la dignidad de todos, de una minoría que aspira a ganar cada día más secuaces para la obra de común civilización. El pueblo no lo advierte y le opone su recelo estólido. Su misma dedicación adquisitiva ha arraigado en él los prejuicios positivistas de la época. La mala educación, la mala prensa, la mala política, lo han pervertido, enturbiándole la estimativa de los verdaderos valores mediante falsas prédicas y peores ejemplos. No sólo entre el pueblo bajo, sino hasta entre la burguesía, el ser o parecer "intelectual" es una tacha de la que hay que redimirse mostrándose humano y sencillo, como si intelectualidad y vanidad fuesen en esencia la misma cosa. En consecuencia el indiviuo de superior vocación, se siente entre nosotros aislado, desalentado para toda pública iniciativa, o constreñido si quiere conquistarse las simpatías sociales, a tomar actitudes rebajadas e impuras que halaguen la vasta psicología anónima.

Esta tesitura social, esta falta de ambiente, debiera combatirse por medio de la prédica, del coraje individual, del señalamiento edificante de los valores genuinos y la recompensa adecuada a los mismos; pero a los llamados a hacerlo no se les ocurre, o no quieren exponerse, o no les parece que esa política de fomento sea un programa suficientemente concreto como para romper lanzas o votar créditos en su apoyo. Y así, en suma, la cultura avanza –si es que en verdad avanza– a paso de tortuga, porque los aportes individuales son escasos, porque están desorganizados y porque les falta el apoyo social.

¿Señalar remedios a este estado de cosas? No podría yo intentar hacerlo, señoras y señores, sin trabajar más ya vuestra fatigada imaginación ni rebasar los límites de mera exposición positiva que para esta conferencia me impuse. Estimo, además, que, conocidos los males y sus causas, los remedios se sugieren a sí mismos sin mayor dificultad. Lo que se ha menester es la iniciativa y el coraje para ponerlos en práctica una vez indagados. Y este coraje no nos vendrá a todos sino de la convicción firme, ardorosa, sincerísima, de que la cultura representa la suprema personalidad de una nación y, por consiguiente,

43

la más fuerte garantía de su persistencia y albedrío. Cuba no podría nunca ser un pueblo grande –un gran pueblo– por su riqueza material, que a las veces es contraproducente y llega a constituir un motivo de sumisión propia, o de ajena codicia. Cuba sólo podrá ser grande algún día, como lo es Bélgica, como lo es Suiza, porque se haya convertido en un centro de rica producción intelectual. En la más abierta sociedad, ningún individuo goza de tanto respeto y prestigio como el hombre sabio; así también, a ningún pueblo le protege tanto la conciencia internacional como a aquel que ha sabido hacer de sí mismo un foco indispensable de superior cultura.

Que nosotros tenemos condiciones múltiples para tal conquista, nadie se atrevería a negarlo. Aquellas, que, como el clima, como las solicitaciones y contagios materialistas a que nuestra situación geográfica nos expone parecen fatalmente insuperables no lo fueron en el pasado ni lo serán en el porvenir si sabemos los cubanos, contrarrestarlas con la claridad de nuestras inteligencias tenazmente dispuestas y noblemente organizadas. Estamos, no en un momento de agonía, sino de crisis. Crisis significa cambio. Acaso ya esta juventud novísima de hoy traiga en el espíritu la vislumbre de un resurgimiento. Mas no lo confiemos al azar. Si como yo anhelo y espero, nos unimos todos en una cruzada de laboriosidad, de amor y de creación de estímulos –cruzada que bien pudiera ser esta venerable "abuelita blanca" la más llamada a inspirar y a dirigir– nuestra tierra llegará a integrar – subrayemos la palabra: a integrar, – una verdadera Patria en la más espiritual y fecunda acepción del socorrido vocablo.

Así sea, señores, y muchas gracias por vuestra atención.

APENDICE

Dos artículos complementarios publicados por el autor en el "Diario de la Marina" (edición de la tarde) los días 23 y 24 de Junio de 1925 respectivamente.

GLOSAS.

Algunos remedios a la crisis de la cultura.

I

Se ha reprochado a quien esto escribe que, en una conferencia reciente y a punto de impresión sobre "La crisis de la alta cultura en Cuba", luego de esbozar las manifestaciones y causas más notorias de ese deplorable fenómeno, no sugiriese cuáles pudieran ser sus remedios, ni en qué precisos sentidos convendría enderezar el vago anhelo de reacción que en algunos sectores se insinúa.

El vacío tuvo su obligada pertinencia ante auditorios ya fatigados de una exposición tan larga como poco generosa en halagos, ya fuese de intención o de forma. Ni podía llenársele con un síntesis fugaz. Porque, o se apuntan los remedios de una manera pormenorizada y concreta, o se deja –como yo opté por hacer– que la relación de los males y de las causas sugiera en cada caso las posibilidades de rectificación. A la postre, un remedio no es sino una causa vuelta del revés.

Vista, sin embargo, la insistencia del reparo, y no deseando que se tome como penuria lo que sólo fué economía, me resuelvo a apuntar siquiera sea un intento de programa o esquema que, susceptible de desarrollo en alguna futura ocasión, sirva ahora de complemento a aquella conferencia.

No reclamo para este "plan curativo" ningún mérito de personal perspicacia, como no lo reclamé para la disertación aludida. Creo que aquellos males y estos remedios saltan a la vista: son modalidades y posibilidades que están en cierto plano de nuestro ambiente, en las más preocupadas conciencias, en los más atentos criterios; y apenas hay más que una demostración de coraje en proclamar la congoja que todos sentíamos y, sin embargo, todos silenciábamos.

Si los tres elementos que integran un estado nacional de alta cultura son, como decíamos, una multitud suficiente de aportes individuales a las superiores disciplinas, una fraterna orientación común entre esos esfuerzos, y una conciencia popular que los reconoce y estimula, es evidente que los remedios a un estado de crisis de la cultura serán aquellos que multipliquen los aportes, que los orienten y que los prestigien en la opinión ambiente.

La multiplicación de los esfuerzos individuales es, a su vez, una labor primero de capacitación –o sea de enseñanza– y luego, de creación de estímulos. Los obstáculos naturales que dificultan una rica producción intelectual en nuestro país, tales la idiosincrasia y el clima, nadie los reputará insuperables. La voluntad lo vence todo, se dice sin demasiada hipérbole. Pero es necesario educar la voluntad, capacitarla, descubrirle tentadoras perspectivas, insinuarle el gozo del noble saber y del ponderado meditar. Por eso la base de nuestras posibilidades culturales está en la reforma de la enseñanza.

De la enseñanza en todos sus grados; pero de la secundaria y la superior sobre todo. En los Institutos, donde apunta la vocación, en la Universidad, donde se afirma y adoctrina, se hace menester realizar de una vez esa profunda reforma que tanto se anhela y tanto se demora. El cambio ha de afectar desde el "curriculum" hasta el ambiente, pasando por los métodos y por los maestros. Conviene que el menú intelectual que se ofrece al apetito de las jóvenes inteligencias sea lo más variado y suculento que darse pueda. Que haya, no cien cursos, sino mil; y que cada curso sea una tentación por las amenas perspectivas que ostensiblemente ofrezca. Cursos generales; pero también de los que aislan y desentrañan el portento de alguna gran peripecia intelectual – la vida del Dante o la estructura de los átomos.

Nada tan poco invitador ni tan franco a la rutina como la imposición de un programa uniforme para todos, desatento a las modalidades individuales. Dénsele Humanidades a quien las quiera; impóngansele, a quien por la índole de su disciplina elegida, las haya menester. Mas no se obligue a estudiar latines a quien sólo le atraen las especulaciones de nuestro tiempo. Preciosa es siempre la base de los clásicos; pero en ocasiones ocupa energías y tiempo que fuera mejor destinar a más directas disciplinas. El sistema de "concentración" y "distribución" combinadas, tan prestigiado por la experiencia de universidades extranjeras, me parece excelente para la nuestra, al igual que los cursos obligatorios y elementales de composición escrita, que adiestrarían en la sintaxis del idioma a los abogados del futuro....

La enseñanza ha de ser, sobre todo, vital, animada, plena de sentido humano, de simpático interés; con menos rutinario dogmatismo y más amena inquietud.

Estas condiciones abstractas dependen, claro está, en gran medida, de los hombres encargados de enseñar. No puede exigírseles el don evangélico – esa fibra generosa del buen maestro – que sólo la Naturaleza confiere; pero si puede exigirse amplia competencia, ostensible laboriosidad, propicia actitud. Habría de hacerse de las oposiciones a cátedras algo más riguroso y libre de externas influencias, sin que el título derivado de las mismas fuese vitalicio, como lo es ahora, sino sujeto a nueva oposición cada seis u ocho años, de suerte que el catedrático no pudiera dormirse sobre sus laureles cuando otras aptitudes mejores le retan desde fuera. Y se obligaría a cada catedrático a escribir el texto de su propia asignatura, para usarlo colateralmente con los textos extranjeros.

Corregidos así el "curriculum", los métodos y los maestros, el ambiente mejoraría ya mucho bajo la triple influencia. Con alguna atención especial a los deportes, a las sociedades universitarias, a las virtudes estudiantiles, y con un aumento de ceremoniosidad en la investidura de los títulos y en el general aparato, se iría formando ese sentimiento de amoroso orgullo, de blasonada y blasonadora devoción a la universidad, que es la substancia del Alma Mater. ¿Y por qué no, a más de todo lo expuesto, una mayor oferta de premios y de becas; un sistema de intercambio con los claustros norteamericanos y europeos; un periódico universitario cuotidiano; una activa sociedad de antiguos alumnos y, sobre todo, la Asamblea mixta y la autonomía?

Vastas son las posibilidades para pretender encerrarlas en los límites de un artículo. Quizás la síntesis más expresiva de las necesidades que, no sólo la Universidad, sino también los Institutos experimentan, pudiera formularse así: "Entusiasmo, Libertad, Dinero." Porque todo lo demás se nos daría por añadidura.

II

Pero no se conseguirá máximo provecho para la cultura con sólo fomentar el adoctrinamiento adecuado de las vocaciones. Es menester, además, crear luego una serie de estímulos que hagan deseable el esfuerzo, que lo honren y remuneren hasta vencer las sugestiones utilitarias del ambiente. Y si la reforma de la enseñanza es, fundamentalmente, una labor de incumbencia legislativa y académica, la oferta de estímulos debiera engendrarse de una cooperación entusiasta y sostenida entre las iniciativas privadas y las iniciativas oficiales.

Ultimamente se ha hablado de premios a la agricultura. ¿Por qué no también –casi estuve por decir "antes"– a la cultura? ¿No hemos de concebir el esfuerzo estimulador sino cuanto a los dones naturales, sobre las dedicaciones consabidas? ¿No será hora ya de que disipemos esta "conmovedora resignación agrícola" que tenemos como pueblo, y que paremos mientes en otras manifestaciones posibles de la energía colectiva: en la industria y en la cultura, por ejemplo? ¿Cuándo convendremos en que el prestigio personal depende más, a la larga, de los ingenios intelectuales que de los azucareros?

Premios a la cultura, sí. Premios cuantiosos, substanciales, verdaderamente remunerativos; no lismosnas académicas. Premios, todos los años, al mejor estudio filosófico, al mejor ensayo científico, al más bello libro de poesías, a la más enjundiosa y ponderada novela. Premios en que no intervengan las estimaciones prehechas ni las posibilidades de favoritismo o de endose ni los criterios yermos o consagrados oficialmente en las "butonnieres". Premios discernidos por jurados que estén lo menos en tela de juicio posible: señores que puedan fallar sobre literatura porque son literatos, o sobre química porque tengan los pulgares quemados de los nobles ácidos.

Y no sólo el Estado, que dará el generoso ejemplo. Las corporaciones, los particulares también. La Prensa, al mejor artículo del año, como se hace en Madrid (Premio "Mariano de Cavia") y en los Estados Unidos (Premio "Pulitzer"). Ustedes, Sres. Veloso, Abela, Valentín García, López González, de la Fuente "et al" –ustedes los prósperos libreros– por amor a la cultura del país en que medran, y hasta por negocio, debieran ofrecer todos los años, separada o cooperativamente, un premio a la mejor obra literaria, como hacen sus colegas de París y de Munich... Y también vosotros –los señores "pudientes" que arrastrais Cadillac y os plañís de nuestra barbarie– vosotros también debiérais abrir la faltriquera una vez al año en esta cuestación general por el bien de nuestra cultura.

Por lo pronto, ¿a quién sino al Estado incumbe resolver con inteligente generosidad el problema del buen libro que no se vende? Todos los años se publica alguna obra tal, hecha con amor y con rigor, pero destinada a la patética decepción de los escaparates abrumados de salacidad y de los depósitos de librería llenos de telarañas. Una Comisión oficial bien selecta debiera comprar esas ediciones frustradas por la indiferencia beocia del público, que recela de todo "Made in Cuba" literario. Y esos libros adquiridos, se repartirían por todas las escuelas, se obsequiarían –como acaba de hacer muy plausiblemente la Secretaría de Estado– por todas las bibliotecas amigas del extranjero. ¿Sabríais de mejores diplomáticos para nuestro prestigio?

El Estado pudiera y debiera también "utilizar" los servicios del productor intelectual. Utilizarlos por medio de la comisión, del encargo específico y expreso. No sólo en la diplomacia, como fué (ya casi no lo es) uso y costumbre; sino en múltiples actuaciones y faenas de divulgación y de investigación que el interés nacional reclama; por ejemplo: la Historia patria, la elucidación de archivos ilustres, la edición de nuestros clásicos olvidados, la traducción de obras extranjeras que tratan de Cuba.

Las diversas Academias –constreñidas hoy, por su precaria dotación, a una conducta grave y vegetal–, los Colegios profesionales, la Asociación de la Prensa, las numerosas e inermes sociedades interesadas en la cultura –todos, todos debían llevar su aporte de generosidad, de lirismo substancioso, de fiscal vigilancia, de tónico ardimiento, a esta cruzada nacional por la Inteligencia. Los periódicos debieran proteger y alentar la buena crítica: la crítica independiente, autorizada y sincera, con guante blanco, miras edificantes y... buen sueldo, que también contribuiría a la multiplicación de los aportes individuales.

Pero como todavía, para que exista un genuino estado de alta cultura, es menester que esos aportes tengan cierta común orientación y un aura popular que los halague, a los mismos "intelectuales" tocaría procurarse esas dos condiciones propicias. Y esto, ¿cómo si no por la unión y por la prédica? Se habla mucho en corrillos – pero nada más que en corrillos – de "nuestro estancamiento". "Sotto voce" y "grosso modo" se traman simpatías y antipatías; pero al par que cavamos trincheras pugnaces para dividirnos, se entona la loa teórica del "fascio" que nos haría invencibles. El ingenio no se juzga ingenioso como no sea a costa del cofrade. Cede la sutileza al vituperio y, aunque no tenemos la altiva intelectualidad de Madrid, puede creer el Sr. Salaverría que, en lo de ser discordes y cáusticos entre nosotros, no les vamos en zaga a las peñas de la calle de Alcalá.

Pues bien: si ha de hacerse algo, será sustituyendo con el espíritu de solidaridad el de diatriba. No creo que sea de veras incompatible la verdad crítica con la unión. El intelectual que se pique definitivamente con un juicio adverso al punto de acibarar su antigua simpatía, no tiene de "intelectual" sino el ribete, pues aun estará por florecer en él la devoción esencial de todo espíritu culto, que es el amor a la Verdad y, en todo caso, al respeto de la civil opinión ajena. Únanse, pues, los trabajadores del espíritu. Lleven a su clase el espíritu de gremio –y aun diré los métodos– que han dado su fuerza enorme en nuestro tiempo a los trabajadores manuales. Y tomen por lema: "El interés de uno es el interés de todos: Cuba primero."

La conciencia popular favorable ya se formará, como por añadidura, tras esa unión de voluntades en una tenaz militancia. Sin temor a que parezca pedantería, esgrímanse todas las influencias posibles sobre la vasta masa para hacer que se percate del esfuerzo intelectual, y que lo aprecie. Hagamos labor de prensa, cursos, ediciones populares. Y no nos importe la incomprensión tocada de envidia, que mira como un alarde el nombre de "intelectual", sin querer entender que sólo se trata de una cómoda designación genérica. Esta cruzada bien vale algunas salpicaduras.

INDAGACION DEL CHOTEO

Conferencia pronunciada en 1928 en la Institución Hispano Cubana de Cultura y publicada por primera vez entre las "Ediciones 1928, Revista de Avance", La Habana. Una tercera edición revisada publicada por la Editorial Libro Cubano en Mayo de 1955.
En 1969 la editorial Mnemosyne Publishing Inc, de Miami, Florida reedita la obra, fotografiando de la primera edición. Ediciones Universal ha utilizado esa reedición para la composición de esta edición.

A Rafael Suárez Solís, que con la flecha alta de su ironía levantó la caza de estas meditaciones, fraternalmente.

J.M.

La reivindicación de lo menudo

Tal vez haya sido motivo de extrañeza para algunos de ustedes el tema de esta conferencia.[2] No parece un tema serio.

Esto de la seriedad, sin embargo, precisamente va a ocupar hoy un poco nuestra atención. El concepto de lo serio es en sí sobremanera difuso. Muchas cosas tenidas por serias se revelan, a un examen exigente, inmerecedoras de ese prestigio; son las cosas – Pacheco. Y, al contrario, las hay que, tras un aspecto baladí e irrisorio, esconden esencial importancia, como esos hombres que andan por el mundo con alma de ánfora en cuerpo de cántaro.

A las ideas les acaece otro tanto. Ciertas épocas han exhibido una marcada tendencia a revestir de gravedad ideas más o menos fatuas. Por ejemplo, el siglo pasado, que por su exaltación romántica y su devoción casi supersticiosa a "los principios", infló numerosos conceptos, atribuyéndoles un contenido real y una trascendencia que los años posteriores se han encargado de negar. Esas ideas-globos gozaban hasta ahora de un envidiable prestigio de excelsitud. El realismo moderno les ha dado un pinchazo irónico, desinflándolas, por consiguiente, y privándolas de lo que en criollo llamaríamos su "vivío". Esta misma época nuestra, arisca a toda gravedad, insiste en reivindicar la importancia de las cosas tenidas por deleznables o ridículas, y se afana en descubrir el significado de lo insignificante. Los temas, que no son sino cosas por explorar, se han renovado con esta preeminencia concedida por nuestro tiempo al estado llano de las ideas. Nos urgen los más autorizados consejeros a que abandonemos las curiosidades olímpicas y observemos las cosas pequeñas y familiares, las humildes cosas que están en torno nuestro.

Hay un interés vital en esto. Todo lo que nos afecta debe ser conocido. Lo menudo e inmediato es lo que constituye nuestra

[2] Pronunciada en 1928 en la Institución Hispano Cubana de Cultura y publicada por primera vez entre las "Ediciones 1928. Revista de Avance". La Habana.

circunstancia, nuestra vecindad, aquello con que ha de rozarse nuestra existencia. Mas por lo mismo que lo tenemos tan cerca y tan cotidianamente, se le da por conocido y se le desconoce más. No somos bastante forasteros en nuestro propio medio, dice Christopher Morley; no lo miramos con la debida curiosidad. Tenemos que aplicarnos, pues, a la indagación de esa muchedumbre de pequeñeces que "empiedran la vida".

Cuando se trata de hechos psicológicos y de relación, como lo es el choteo, el escudriñamiento puede tener alcances sociológicos insospechados. Ya Jorge Simmel subrayó la conveniencia de llevar a la sociología el procedimiento microscópico, aplicando "a la coexistencia social el principio de las acciones infinitas e infinitamente pequeñas que ha resultado tan eficaz en las ciencias de la sucesión"[3] En vez de estudiar la sociedad por abstracciones voluminosas, la exploraremos en sus menudas concreciones, en sus pequeños módulos vitales.

El choteo –cosa familiar, menuda y festiva– es una forma de relación que consideramos típicamente nuestra, y ya esa sería una razón suficiente para que investigásemos su naturaleza, con vista a nuestra psicología social. Aunque su importancia es algo que se nos ha venido encareciendo mucho, por lo común en términos jeremiacos, desde que Cuba alcanzó uso de razón, nunca se decidió ningún examinador nuestro, que yo sepa, a indagar con algún detenimiento la naturaleza, las causas y las consecuencias de ese fenómeno psicosocial tan lamentado. En parte por aquella afición de época a los grandes temas, en parte también porque ha sido siempre hábito nuestro despachar los problemas con meras alusiones, los pocos libros cubanos que tratan de nuestra psicología se han contentado, cuando más, con rozar el tema del choteo. Esquivando casi siempre esta denominación vernácula, se ha tendido a desconocer la peculiaridad del fenómeno y a identificarlo con cualidades más genéricas del carácter criollo, como la "ligereza", la "alegría" y tales. También aquí nuestro confusionismo ha hecho de las suyas.

---

[3] Jorge Simmel, "Sociología". Ed. Revista de Occidente. 1927. I, p. 30.

Tanteos

Esa misma falta de exploraciones previas extrema la dificultad de una primera indagación, ardua en sí misma por lo tenue que es el concepto corriente del choteo y por la variedad de actitudes y de situaciones a que parece referirse. ¿Qué método nos permitiría penetrar con alguna certidumbre en una vivencia psíquica y social tan evasiva, tan multiforme y tan poco concreta?

Se trata, por supuesto, de discernir el sentido de la palabra "choteo". Pero he ahí un problema de semántica en que la etimología –tan valioso auxiliar de esa ciencia de los significados– no nos ayuda. Han especulado bastante sobre el origen del vocablo. Andaluces hay que quisieran conectarlo con la voz "choto", que es el nombre que se le da en España –y en aquella región particularmente– al cabritillo. "Chotar" –del latín suctare– significa en Andalucía mamar y, por extensión, conducirse con la falta de dignidad que exhiben los cabritillos en lactancia.[4] El choteo sería, pues, portarse como un cabrito. Claro que no es imposible esta derivación. Tampoco lo es que el vocablo "choteo" pertenezca al acervo muy considerable de voces afras que han tomado carta de naturaleza en nuestra jerga criolla. Pero ni el ilustre Fernando Ortiz, autoridad en la provincia afrocubana de nuestra sociología, se muestra muy seguro acerca del etima[5] africano, aventurando tan

---

[4] A propósito de estas derivaciones, me escribía don Miguel de Unamuno al acusarme recibo de este ensayo:

"En apoyo de la etimología de choto, cabritillo, que cita, apunte cabrear. En España se dice que le tienen a uno cabreado cuando molesto, por harto de burlas."

Aunque el resto de la tarjeta de Unamuno no tenga mucho que ver con el tema de este ensayo, publico en apéndice el texto completo de ella porque todo lo del gran español debe irse preservando ya en letra de molde. (J. M. - 1939).

[5] Nota del editor: En todas las ediciones revisadas por el propio autor aparece etima como femenina. Pero tanto el Diccionario de la Real Academia como el de Corominas escriben étimo. Y parece que así lo pensó el autor, pues tanto el artículo precedente que forma parte de la contracción del así como el adjetivo africano que le sigue son masculinos. Puede pues, suponerse,, que ha sido una

sólo posibles vinculaciones con el lucumí "soh" o "chot" (que comporta la idea de hablar) y con el pongüé "chota", que denota la acción de espiar. Evidentemente, esta última conexión sí se prestaría para explicar el empleo que también se hace en Cuba del vocablo en el sentido de acusación o delación; pero no arroja luz alguna sobre la acepción de choteo como actitud jocosa. En todo caso, la etimología sólo puede servir de punto de partida para una indagación de significados cuando es indudable, cuando ofrece una raíz segura en que afincar el brío de las deducciones.

Fallido el método etimológico, no parece quedarnos otro medio de abordaje que el de asirnos al concepto corriente de la palabra choteo: ver qué definición se da generalmente de ella, estudiar en abstracto las implicaciones lógicas de esa definición y cotejar éstas después con observaciones objetivas. Conjugando así un método empírico con un método lógico, esquivaremos a un tiempo mismo los peligros de las abstracciones excesivas y de las experiencias incompletas.

---

errata repetida o una licencia que el autor se tomó por sonarle mejor. En todo caso es un "cultismo" a los que era Mañach algo aficionado en su primera época. Según la Academia la palabra puede interpretarse como raíz o vocablo.

Una definición inicial

Si le pedimos, pues, el cubano medio, al cubano "de la calle", que nos diga lo que entiende por choteo, nos dará una versión simplista, pero que se acerca bastante a ser una definición porque implica lógicamente todo lo que de hecho hallamos contenido en las manifestaciones más típicas del fenómeno. El choteo –nos dirá– consiste en "no tomar nada en serio". Podemos apurar todavía un poco más la averiguación, y nos aclarará –con una frase que no suele expresarse ante señoras, pero que yo os pido venia para mencionar lo menos posible– nos aclarará que el choteo consiste en "tirarlo todo a relajo".

Como veis, estas dos versiones que nos da el informador medio coinciden, por lo pronto, en asignarle al choteo una índole absclutista y, por así decir, sistemática. Antaño, cuando todavía existía la especie, llamábamos opositor sistemático al político que hacía de la oposición un hábito, sin que se le diera mucho que los objetos de su oposición fueran realmente condenables. Así también, el choteador, que todo lo echa a broma, que a nada le concede, al parecer, importancia, es una suerte de profesional de esa actitud, y ya veremos que tampoco a él le importa mucho que los objetos o situaciones de que se mofa sean en verdad risibles. El choteo es, pues, una actitud erigida en hábito, y esta habitualidad es su característica más importante.

Antes de precisar en qué consiste la actitud, fijemos más cuidadosamente sus límites. Cuando se dice que el choteo no toma "nada" en serio, o que "todo" lo "tira a relajo", es evidente que estos adverbios, todo y nada, se emplean hiperbólicamente; es decir, que no son ciertos al pie de la letra, aunque sí lo sean en un sentido general. Lo que de un modo enfático quiere sugerirse es que el choteo no toma en serio nada de lo que generalmente se tiene por serio. Y todavía es necesario reducir esa categoría de hechos, porque el hombre más jocoso no puede menos que tomar en serio ciertas cosas cuya seriedad no es materia opinable –un dolor de muelas, por ejemplo. Durante el ciclón pasado, yo tuve ocasión de ver cómo unos vecinos hacían jácara de los estragos hasta que un rafagazo les voló el techo de su propia casa. No de otra suerte el choteo mantiene sistemáticamente su actitud hacia todas las cosas tenidas por serias mientras no llegan a afectarle de un modo tal que haga psicológicamente imposible "chotearlas".

Ahora bien; ¿en qué consiste abstractamente esta acción de chotear? Vamos a ver que las dos definiciones citadas apuntan al mismo hecho externo –un hábito de irrespetuosidad– motivado por un mismo hecho psicológico: una repugnancia de toda autoridad.

Tomar en serio equivale, en efecto, a conducirse respetuosamente hacia algo. Porque respeto, como es sabido, no quiere decir necesariamente acatamiento. La misma etimología latina ("respicere": volver a mirar) está denunciando el sentido exacto de la palabra, que es el de consideración detenida, el de miramiento. Se puede respetar una opinión que estimamos equivocada. Hablamos de los "respetos humanos" que, según la religión, son muchas veces contrarios a los intereses del espíritu. Hablamos también de respetar al niño. Un respeto, por consiguiente, no es más que una atención esmerada, y una falta de respeto es, hasta coloquialmente, una falta de atención. No tomamos las cosas en serio cuando no les prestamos una atención sostenida o suficientemente perspicaz. Así, el hombre rápidamente impresionable, el hombre extravertido o de curiosidad errabunda es, generalmente, un hombre irrespetuoso, un gran candidato al choteo.

Claro que al fondo de todo respeto existe siempre una idea de autoridad, actual o potencial, que es lo que invita la atención. Si respetamos al gobernante, es porque sabemos que puede ejercer, en última instancia, un dominio físico sobre nosotros. El respeto al hombre de saber o al hombre íntegro se funda en un sentimiento de su preeminencia, de su autoridad intelectual o moral. Los respetos sociales son un homenaje a la autoridad del número y de la opinión ajena. El respeto al niño, al débil, es un tributo a la humanidad, y como la religión, esconde un vago sentimiento de dependencia. De suerte que una falta crónica de respeto puede originarse también en una ausencia del sentido de la autoridad, ya sea porque el individuo afirma desmedidamente su valor y su albedrío personales o porque reacciona a un medio social en que la jerarquía se ha perdido o falseado. "Tirar a relajo" las cosas serias no será, pues, más que desconocer –en la actitud exterior

58

al menos– el elemento de autoridad que hay o que pueda haber en ellas: crear en torno suyo un ambiente de libertinaje.

La estimativa interior

Estas primeras conclusiones nos permiten insinuar ya una solución al problema que se plantea en cuanto a la actitud psíquica del choteador. Es evidente que no tomar nada en serio no quiere decir necesariamente que se desconozca o niegue, en el fuero interior, la existencia de cosas serias, sino que, de reconocerlas, se adopta también hacia ellas una actitud irrespetuosa. Lo que importa entonces averiguar es qué grado de estimación interior hay en el choteo: si éste admite para su capote que hay cosas serias y no las reverencia, o si más bien su habitualidad se debe a que no encuentra nada serio en el mundo. En el primer caso, sería el choteo un mero vicio de comportamiento; en el segundo, un vicio de óptica mental o de sensibilidad moral.

Si consultamos la experiencia, escudriñando en los diversos casos individuales de choteo que ella nos depara, advertimos que existen en nuestro medio individuos incapaces, no ya de comportarse respetuosamente en situación alguna, sino hasta de admitir que haya en nada motivos o merecimientos de respeto. Dotados casi invariablemente de una educación elementalísima, cualquiera que sea su decoro externo, desconocen todas las dignidades y proezas del espíritu; empedernidos de sensibilidad, no perciben tampoco ni lo sublime ni lo venerando en el orden físico o humano. Son los negadores profesionales, los descreídos a ultranza, los egoístas máximos, inaccesibles a otra emoción seria que no sea las de rango animal. Tienen, como decía Gracián, "siniestro el ingenio", y cuando les habláis de patria, de hogar, de probidad o de cultura, urden una cuchufleta y os dicen, a lo sumo, que todo eso es "romanticismo". El lenguaje y la actitud habituales en esta laya de hombres son los del choteo.

Pero al lado de ellos, confundiéndose con ellos, encontramos otros individuos no menos prestos a la facecia sobre los motivos más serios y hasta en las situaciones más exigentes de circunspección. Basta, sin embargo, explorarlos con una dialéctica insinuante, que capte su atención y simpatía, para descubrir en seguida que tras su frivolidad y su escepticismo esconden un alma sensitiva y crédula de niños. También su lenguaje y su actitud habituales son los del choteo; pero excepcionalmente exhiben una sensibilidad adormecida y una mohosa actitud para formar juicios afirmativos de valor.

¿Cuál de estos dos tipos de choteadores representa el verdadero choteo?

Se trata, desde luego, de un fenómeno demasiado fluído y variable para acomodarse estrictamente a cualquiera de esas rígidas disyuntivas. Siéndonos el choteo conocido sólo como una actitud externa, no podemos pronunciarnos con certidumbre en cuanto a su contenido. Lo que más cierto parece es que hay un choteo ligero, sano, casi puramente exterior, que obedece principalmente a vicios o faltas de atención derivadas de la misma psicología criolla, y otro choteo que pudiéramos llamar profundo y escéptico, perversión del anterior y originado en una verdadera quiebra del sentido de autoridad que antes analizábamos.

Dejemos, por el momento, el decidir cuál de estos dos grados de choteo es el más generalizado y genuino, y tratemos ya de perfilar la morfología social común a ambos tipos de choteo, sus modos peculiares de producirse.

El choteo en la jerarquía de la burla

De todo lo expuesto hasta ahora, parece deducirse claramente que ambos tipos de choteo, el escéptico y el meramente jocoso, se traducen en una forma de burla que podrá ser más o menos explícita, más o menos referida a una situación exterior o a un juicio de valor.

Ahora bien: la burla es un hecho esencialmente humano. Se ha tenido siempre la mera risa por una de las facultades privativas del hombre. No faltó, hace ya mucho tiempo, quien dijera que el hombre es el único animal que ríe; y solidarizándose, al parecer, con ese postulado, un gran filósofo moderno, Bergson, le ha descubierto implicaciones biológicas y sociales importantísimas a esa facultad "humana". La risa sería algo así como un "gesto social" de protesta contra la mecanización de la vida: un acto de previsión de la especie.

Los que creemos haber visto sonreir a los perros no podemos menos que abrigar nuestras dudas acerca de ese supuesto mono-polio que el hombre tiene de la risa. Yo personalmente no veo en ésta más que una mueca que exterioriza un estado de euforia, o una anticipación, ya placentera, de él. La risa saludable del nene no me parece superior en categoría a la del can que saluda la llegada de su dueño; –tal vez ésta sea aún más exquisita. En todo caso, lo que sí es inequívocamente una capacidad peculiar del hombre es la de la burla. El loro y el mono, entre otros, son animales burlones; pero evidentemente su burla es un simple mimetismo desprovisto de intención verdadera. Esté o no acompa-ñada de risa, la burla propiamente dicha es una actitud humana y social, cuyo fin instintivo es el de afirmar la propia individualidad contra otra que se reputa superior o igualmente poderosa. Toda burla supone, pues, una autoridad; por lo menos, una competencia. Por eso no tiene razón de ser y nos repugna instintivamente la burla que se hace del niño, del enfermo, del anciano. Son débiles; no hay por qué atacarlos. La burla es un subterfugio ante el fuerte: no en balde burlar es, en algún sentido, sinónimo de esquivar. El instinto humano tiende a conservarnos nuestra independencia, nuestra libertad de adaptación, y recela de toda autoridad, incluso la del prestigio que, como ya observó Simmel, nos encadena tal vez más que otra alguna.

En torno a esa facultad de la burla como eje, se produce toda una jerarquía o escala de reacciones sociales que comienzan en la mueca puramente instintiva del niño hacia el padre o hacia el maestro y, pasando por la parodia, la sátira y la ironía, alcanzan la más elevada especie de humorismo. En este rango superior, el elemento de burla es tan sutil que apenas se percibe, y llega hasta a parecernos una delicada forma de solidaridad y de respeto.

Lo que diferencia a la burla de las demás formas de protesta y de prevención contra la autoridad es que se endereza contra lo que ésta tiene de cómico, es decir, de contradictorio consigo misma. Señalando esa contradicción, aspira a minar la autoridad que la exhibe. De suerte que la burla es más elevada y más eficaz mientras más fino es su discernimiento de esa contradicción; y, por el contrario, es más burda cuanto más se acerca a la mera protesta instintiva del niño, bien porque se fija en lo externamente cómico de la autoridad, o porque le atribuye a ésta una comicidad que no tiene, como cuando los escolares le prenden rabo a la levita del maestro.

Pues bien: si el discernimiento, si cierto sentido crítico es lo que sitúa esas reacciones más o menos altas en la jerarquía de la burla, se colige claramente que el choteo, como hábito, como actitud sistemática que es, resulta por lo general una forma muy baja de burla. Allí donde nadie halla motivos de risa, el choteador los encuentra —o finge encontrarlos. Eso tendría que deberse: o a una mayor perspicacia del choteo para discernir lo cómico en la autoridad, o una suposición de lo cómico donde no lo hay.

Ciertamente, esa superior perspicacia del choteo para ver lo cómico en lo autoritario es, a veces, innegable. El cubano medio posee una notoria "vis" cómica, como todos los pueblos de rápida actividad mental. Si no es por lo común nada profundo, percibe en cambio sin demora todos los alcances superficiales de un hecho cualquiera y efectúa velozmente aquellas aproximaciones mentales que producen el chispazo de lo cómico. A veces, por consiguiente, el choteo tiene verdadera gracia: nos descubre lo objetivo risible que había pasado inadvertido a los observadores más intensos o de menor agilidad mental.

Pero lo frecuente es que el choteo no denuncie, en absoluto, nada realmente cómico. Un chiste, un rasgo de ingenio cualquiera, surte su efecto de risa en cualquier lugar o momento; el choteo, en cambio, está estrictamente condicionado en el tiempo y en el espacio. Rara vez nos divierte la versión que alguien nos da de un caso de choteo en que no hemos participado; al contrario, el relato lo que generalmente logra es irritarnos. Esto no se debe a la falta de aquel sentimiento de solidaridad que según Bergson, necesita la experiencia risible; sino a que el choteo se nos aparece en esos casos como una burla sin motivo. Peor aún: como una burla que inventa su motivo y que, para usar la frase criolla, tan significativa, "le pone rabo" a un objeto serio. En torno de cualquier persona o situación respetables, crea una atmósfera de jocosidad que se va cargando rápidamente, hasta hacerse tan densa que el objeto mirado a través de ella resulta desfigurado y grotesco.

En ocasiones ni siquiera este objeto-pretexto existe. ¿Cuántas veces, en el teatro o en cualquier espectáculo, no hemos visto cómo un bostezo, una frase jocosa y sin pertinencia alguna, lanzada al azar, choca con la circunspección del público, y se convierte en centro de irradiación de ondas crecientes de choteo? ¿Cuál puede ser en estos casos la razón de ser de esa burla sin propósito aparente? ¿Cuál la función de esa risa sin rumbo? Tal vez habría que recurrir, para explicarla, a aquel vago fin subsidiario de reposo que Bergson le atribuye; o pensar que en esos momentos la risa criolla sirve, por el contrario, a manera de excitante artificial, con el cual procuramos vencer la fatiga, el aplanamiento, la lasitud terrible del trópico. En todo caso, es un acto fundamentalmente egoísta e irreflexivo, mediante el cual el choteador parece reirse con el solo fin de estar alegre, como si quisiera confirmar la conocida teoría de las emociones de William James: No lloramos porque estamos tristes; estamos tristes porque lloramos.

No sería el choteo, sin embargo, todo lo peligroso que generalmente es, si se limitara a ser esa risa sin objeto. Lo más frecuente es que lo tenga y que ese objeto sea su víctima. Tal vez hasta en los casos en que se nos aparece como una pura improvisación, realmente está el choteo reaccionando contra algo externo que ni él mismo percibe bien. En el ejemplo que pusimos del teatro, la frase jocosa o el bostezo sonoro son acaso un indicio de protesta contra algo. La palomilla de papel que desciende del paraíso trae posiblemente en el pico más una intención guerrera que una rama de olivo. En otras palabras, el choteo casi siempre acusa un estado de impaciencia, un recelo de alguna limitación. Quizás no es otra que la de tener que guardar silencio ante un espectáculo que se demora o que aburre, pero siempre será la limitación impuesta por una auténtica o por una falsa autoridad.

El choteo y el orden

Esta interpretación nos explica por qué el choteo es enemigo del orden en todas sus manifestaciones. Observad bien cualquier caso o situación de choteo y veréis que lleva siempre entrañados los elementos del desorden. Y lo importante, lo característico del choteo, es que ese desorden, para que origine la burla típica criolla, no ha de comportar ninguna frustración de dignidad.

Siempre ha sido motivo de risa el accidente que contraría un propósito de conducta circunspecta. Ya se ha dicho que no hay "clown" ni humorista comparable a ciertas cáscaras de fruta en el pavimento. Algunos histriones han visto bien esto y han sabido aprovechar sus posibilidades. ¿Qué es el arte sublimemente cómico (es decir, profundamente humorístico) de Charlie Chaplin, por ejemplo, sino una sinfonía en la clave de la dignidad frustrada? Lo que nos le hace tan patéticamente ridículo es la facilidad con que resulta víctima de accidentes un hombre que usa chaqué, bastón y bombín.

En todas las latitudes, repito, el accidente contra dignidad motiva una risa tan fulminante que tiene algo de acto reflejo. En rigor, su fondo es instintivo: parece obedecer a ese goce secreto y ancestral que experimentamos al ver al prójimo –nuestro competidor en la lucha por la vida– contrariado en una pretensión de jerarquía, de importancia, de superación. Este sentimiento no es, por supuesto, ajeno al choteo, porque el choteo incluye todas las demás formas elementales de la burla. Pero el desorden ante el cual se produce típicamente esa forma de regocijo tan nuestra, no es un accidente contra dignidad. Es el desorden que consiste, pura y simplemente, en la alteración de un estado cualquiera de concierto y de jerarquía, así sea en el orden físico y objetivo.

Alguna vez, un amigo muy criollo, limpio de toda malicia intelectual, aunque bastante curtido en todas las demás, me contaba, en serio, sus impresiones a bordo de un vapor durante un temporal. Lo que más parecía haberle impresionado fué el desplazamiento que sufrió la carga, mal asegurada en la sentina, con los bandazos del barco: "Los barriles —decía,— los fardos, las cajas, todo iba de un lado para otro: aquello era un choteo".

Un choteo, es decir, confusión, subversión, desorden; —en suma: "relajo". Pues ¿qué significa esta palabra sino eso, el relajamiento de todos los vínculos y coyunturas que les dan a las cosas un aspecto articulado, una digna integridad? El hecho de que mi amigo empleara la palabra choteo para describir circunstancias tan poco divertidas como las de un temporal, lo hacía aún más significativo. Porque el empleo fuera metafórico, no acusaba menos la posibilidad de que exista la sensación de choteo sin un motivo real de burla ni de regocijo. Un mero desorden no es cosa que tenga gracia en sí. El choteo no se la encuentra tampoco; pero se ufana ante una situación semejante porque comporta una negación de la jerarquía, que para ciertos tipos de idiosincrasia tropical es siempre odiosa. Todo orden implica alguna autoridad. Ordenar es sinónimo de mandar. En el desorden, el individuo se puede pronunciar más a sus anchas. No hay ninguna compostura externa que le invite a guardar una correspondiente compostura personal. Lo ordenado ejerce sobre el ánimo una especie de ejemplaridad disciplinaria. A mí no hay cosa que me desasosiegue más que entrar en un despacho donde todo está en orden; en cambio, allí donde las cosas andan manga por hombro, experimento siempre un sentimiento de familiaridad. Este deseo de familiaridad con las cosas es algo a que el cubano es sobremanera adicto. Ya veremos que una de las causas determinantes del choteo es la tendencia niveladora que nos caracteriza a los cubanos, eso que llamamos "parejería" y que nos incita a decirle "viejo" y "chico" al hombre más encumbrado o venerable.

El choteo y el prestigio

Pero nos interesa antes examinar cómo esa afición al desorden, ese odio a la jerarquía, que es esencial del choteo, informa la manifestación más importante del fenómeno: su prurito de desvaloración. El índice convencional del valor es el prestigio. Y el prestigio es, en efecto, otra de las formas de seriedad contra las cuales el choteo se pronuncia con especial ahínco: es la seriedad en la reputación. Lo "choteado" es, en cambio, aquello que tiene una reputación precaria o falsa: lo desprestigiado.

Esta manifestación del choteo es frecuente entre nosotros. Vemos a menudo que el cubano menos "sofisticado" por los miramientos de la educación pone en solfa los valores morales, intelectuales y aún sentimentales más encarecidos. La virtud de una mujer, el empeño intelectual de un hombre, la emoción de un funeral o de un duelo, se le convierten en materia de chacota. En cierta ocasión, unos cubanos visitaban el Crematorio Municipal de París. Al ver introducir un cadáver en el horno incinerador, uno de nuestros compatriotas exclamó, dirigiéndose al fúnebre operario: "Démelo de vuelta y vuelta". Con dudoso gusto pero indiscutible ocurrencia, rebajaba aquel resto humano a la categoría de un bistec. Las mofas de los velorios son ya clásicas entre nosotros. El choteo no respeta ni la presencia sagrada de la muerte.

Cuando la mofa se produce contra una cualidad o un valor inmediato cualquiera, lo característico del choteo es que ese comportamiento no obedece a un escepticismo ni a un propósito satírico. Muchas veces el choteador admira, en el fondo, la misma virtud de que se burla. Y esto nos plantea una interesante pregunta: ¿No será el choteo, en esa forma desvaloradora, un dictado del resentimiento?

Existe, como es sabido, una teoría alemana, derivada de Nietzsche y llevada por Max Scheler a su plenitud de significación, según la cual el resentimiento actúa como inductor y "definidor de toda una moral". "Cuando se sienten –dice Max Scheler– fuertes afanes de realizar un valor y, simultáneamente, la impotencia de cumplir voluntariamente estos deseos, por ejemplo, de lograr un bien, surge una tendencia de la conciencia a resolver el inquietante conflicto entre el querer y el no poder, rebajando, negando el valor positivo del bien correspondiente, y aun en ocasiones, considerando como positivamente valioso un contrario cualquiera de dicho bien".[6] Ese sentimiento, tan cercano del despecho, explica numerosos tipos de falsa estimativa en la vida moderna. Es dudoso, sin embargo, según se infiere del mismo profundo análisis de Scheler, que sirva para explicar ninguna forma de burla, puesto que ésta es ya un desahogo y una desvalorización directa, en tanto que los juicios del resentimiento se originan en una represión y actúan indirectamente. A lo sumo, pudiera decirse que ciertos tipos de burla envidiosa son —en las palabras del mismo filósofo— la "descarga" que elimina "esa dinamita psíquica que se llama resentimiento".

Sin duda, en no pocos casos el choteo obedece a ese propósito de desahogo. Pero hay que hacerle la justicia de reconocer que no es, por lo común, una característica suya el rencor ni el resentimiento. Este "no puede jamás desarrollarse sin un sentimiento específico de impotencia" y no siempre el choteador está incapacitado para asumir el mismo valor de que se mofa. Al contrario: nuestro burlón redomado es precisamente aquel que se ríe de los propios valores que podría emular si quisiese someterse a su servidumbre. Como es ésta precisamente la que le resulta antipática, se defiende de la ejemplaridad con la mofa, al igual que esos hombres muy celosos de su libertad, que se revisten de ironía para preservarse de las solicitudes subyugadoras de una mujer hermosa.

Lo que, en términos generales, puede afirmarse del choteo es que denota una inconsecuencia entre la apreciación interior y la conducta. En ciertos casos frecuentes, esa contradicción se explica, como luego veremos, por una forma pudorosa de ironía; pero aun entonces la mofa tiene su origen en esa impaciencia que el criollo siente por temperamento contra toda traba a la libre expansión, contra toda forma no demasiado imperativa de ejemplaridad.

---

[6] Max Scheler, "El resentimiento en la Moral". Ed. de la Revista de Occidente. P. 69.

Choteo, "guataquería", rebeldía

Paréceme que esto también ayuda a comprender el uso que de la palabra se hace en el sentido de delación. En los colegios, cuarteles y prisiones, "chota" se llama al compañero que acusa a los demás ante la superioridad.

Denota, sin duda, quien tal hace, un sometimiento oficioso, no muy lejano del que hoy tanto priva bajo el estigma infamante de "guataquería". Mas por eso mismo la palabra "chota" envuelve un vituperio, y si el que delata lo hace por congraciarse con el poderoso, el nombre de "chota" le viene de que con su delación divulga y, por consiguiente, frustra un empeño recatado; es decir, le quita la autoridad y el prestigio de su secreto. Desde el momento en que lo privado se hace del dominio público, o lo selecto se vulgariza, está desvalorizado, "choteado". Igual decimos de un espectáculo que todo el mundo ha visto ya. Los comerciantes declaran una mercancía "choteada" cuando son tantos los que la tienen en venta, que no pueden cobrar por ella a su antojo (ejercer sobre ella la autoridad del monopolio virtual), sino atenerse estrictamente a la ley de la oferta y la demanda.

En todos sus aspectos, el choteo es, como se ve, enemigo de cuanto proponga una limitación a la expansión individual. Otra cosa es cuando la limitación, en vez de proponerse, se impone. Entonces, el espíritu de independencia que siempre hierve al fondo del choteo, tiene dos vías de escape: o la rebeldía franca, o la adulación. Ambas son maneras de reivindicar mayor albedrío del que se tiene. La rebeldía produjo la República; la adulación ha engendrado eso que hoy llamamos "guataquería". Pero, a poco que la autoridad sea débil, indirecta o inerme, surge el choteo como una afirmación del yo.

No encontraríamos ahora nada de particular en que su nombre viniese de choto, cabrito, porque también la palabra capricho viene de "cabra". Y lo que el choteador o el chota instintivamente defiende es eso, su libertad absoluta de antojo y de improvisación. Por eso abomina jocosamente de todo principio de conducta y de toda exigencia disciplinal: de la veracidad absoluta, de la puntualidad, de lo concienzudo, de lo ritual y ceremonioso, de lo metódico; en suma: de cuanto sirve para encauzar rigurosamente el esfuerzo del individuo o para engranar –con rigidez inevitable, pero eficaz– el mecanismo del esfuerzo colectivo.

De todo lo argüido, tal vez se puede inferir ya una definición del choteo más ceñida y formal que la que nos sirvió de base de operaciones. El choteo es un prurito de independencia que se exterioriza en una burla de toda forma no imperativa de autoridad.

Choteo, humor, ingenio, gracia

Ahora bien: este choteo que hemos venido analizando ¿es el que suele considerarse como una característica nacional?

Existe, como sabéis, una tendencia insistente a suponer que no es el choteo una cualidad específica que quepa atribuir a determinados individuos —como la impulsividad, el egoísmo, la falsía, y tales;— sino que es, más bien, algo que tenemos todos los cubanos, quien más quien menos, diluído en nuestra idiosincrasia criolla: algo así como un peculio psíquico tropical, con el cual nos condenamos o nos salvamos.

Quienes tal suponen, seguramente encontrarán que la interpretación del choteo que acabo de exponer es demasiado peyorativa para ser aceptable. Al margen de los anteriores resultandos, habrán ellos ido poniendo sus objeciones con vista a un voto particular. Habrán pensado o pensarán que no todas las manifestaciones del choteo responden a esa definición: que no siempre es nuestra burla típica un indicio de libertinaje ni un pronunciamiento sistemático. Habrán, en fin, echado tal vez de menos en mi análisis aquella simpatía pura, aquella sana y divertida aprobación —nacida de algo más que de una simple tolerancia hacia las propias flaquezas— que nos inspiran las ocurrencias del humor vernáculo.

Mas ¿no será, amigos míos, que esos presuntos inconformes están pensando precisamente en eso: en el humor, en el ingenio o en la gracia criollos, y no en el choteo? Como la noción de éste ha sido entre nosotros tan confusa, el vocablo se ha prestado a todos los equívocos. Además, hay en el lenguaje corriente un hiperbolismo natural, una tendencia a designar siempre las cosas por sus manifestaciones afines más extremas, aunque se prescinda de la exactitud. ¿Quién no ha oído alguna vez a nuestros vendedores de periódicos, cuando se disputan apasionadamente una venta, hacerse reproches nada menos que de "lujuria"? Claro que lo que en realidad quieren decir es vehemencia, codicia, apasionamiento —palabras que no están en su diccionario. Así también, se le ha dado y se le da frecuentemente el nombre de choteo —que denota una máxima jocosidad— a hechos, dichos y situaciones risibles que no son "choteo" en absoluto, que más bien están comprendidos en aquella cuota de la gracia universal que le ha correspondido a nuestro pueblo criollo.

Pero nuestro choteo no tiene nada que ver con nuestra gracia; o, para decirlo más exactamente, es, en todo caso, una forma especial y sistemática de ella.

Hay quienes suponen que se trata de una reacción peculiar del cubano ante lo exageradamente serio. Aunque elemental siempre, esa explicación sería cierta si por "lo exageradamente serio" se entendiese todo aquello que comporta una autoridad. Tal noción no es infrecuente entre nosotros. Nuestra juventud más frívola suele considerar demasiado serio al hombre ceremonioso, aunque en realidad sea a la vez muy jovial. Así también, ciertos escritores públicos que son, en el trato social, las personas menos solemnes, tienen fama de "excesivamente serios" no más que por el tono didáctico o aclarador que asumen en la faena periodística, como si enseñar y aclarar no fueran parte de la función del diarismo moderno.

Es cierto, pues, que el choteo ataca o esquiva por medio de la burla lo demasiado serio, si por tal se entiende lo que el choteador estima demasiado autorizado o ejemplar. Pero si lo que quiere decirse es que el choteo sólo se burla del empaque antipático o de la ridícula gravedad, la versión es inexacta, ya que deja sin explicar una serie de fenómenos que son, precisamente, los más típicos del choteo. Por ejemplo, el hecho siguiente, que yo he podido alguna vez presenciar: En la sala de una casa, hay una señorita cantando al piano. Canta una romanza sentimental, pero nada lacrimosa ni solemne. Además, la canta bien; tanto, que un grupo de jóvenes, desde la acera, la escucha en silencio, embelesados. Cuando la señorita termina, sin embargo, los jóvenes se retiran de la ventana y, engolando la voz, hacen una mofa despiadada de la misma aptitud que acaba de deleitarles. ¿Dónde está aquí la reacción contra lo excesivamente serio y grave? ¿No se trata más bien de un hábito de burla que se endereza por sistema contra todo lo prestigioso, hasta cuando es agradable?

O el choteo es esa actitud absoluta y sistemática, o de lo contrario carecemos de fundamento para peculiarizarlo como una modalidad aparte de la burla. Y si convenimos en que es una burla sistemática, entonces nada hay más opuesto al humor. "Es indudable –dice Pío Baroja en *La caverna del humorismo*– que allí donde hay un plano de seriedad, de respetabilidad, hay otro plano de risa y de burla. Lo trágico, lo épico, se alojan en el primer plano; lo cómico en el segundo. El humorista salta constantemente de uno a otro y llega a confundir los dos; de aquí que el humorismo pueda definirse como lo cómico serio, lo trivial trascendental, la risa triste, filosófica y cósmica". Pero el choteo ignora deliberadamente ese plano de respetabilidad de que habla Baroja y se instala, inquilino contumaz, en el plano de lo cómico. Ni percibe jamás en éste aquel reflejo de lo sublime que es, para Lipps, lo que ilumina por dentro al humorista. Esto no quiere decir, claro está, que el choteador no pueda ser algunas veces humorista. Pero, la coincidencia no es muy frecuente, porque lo cardinal en el humorista es su hondo sentido humano, y en el choteador su egoísmo, su prurito de personal independencia. En todo caso, no hay por qué identificar las manifestaciones del "humour" con las del choteo, aunque sea el mismo individuo quien las revele.

Tampoco el choteo es nuestro ingenio, ni nuestra gracia. En el ingenio, hay siempre una agudeza mental de que no suele ser capaz el choteo típico, burla generalmente impresionista y externa. De tan intelectual naturaleza es el ingenio, que siempre se muestra respetuoso de una manifestación más alta de sí misma. Un hombre ingenioso contestará siempre al ataque de otro con un alarde mayor de "esprit" –como en aquel debate famoso entre parlamentaristas ingleses, que nos relata Varona;– y si no puede superar al ingenio adverso, se le entregará caballerescamente. En cambio, el choteo, es tan poco intelectual que, ante una finta ingeniosa, contesta con una nueva mofa desesperante. No es un género de dialéctica, sino de acoso. También aquí cabe reconocer, empero, que no son el choteo y el ingenio por necesidad incompatibles. Son, sencillamente, tipos distintos que no se llevan bien.

Con la gracia criolla sí se relaciona más estrechamente el choteo. La gracia, como su mismo nombre lo indica, es un don natural, algo ajeno a la cultura del individuo y casi a su mentalidad. Consiste la gracia cómica, a mi juicio, en una tal disposición y tersura del ánimo que todas las cosas boten elásticamente contra él, sin penetrar, sin dejar huella. Esta forma de optimismo busca constantemente justificarse a sí misma limándole las aristas a la realidad. Por eso la gracia es predominantemente femenina, y nada acre. No aspira a impugnar, sino a esquivar. Como su anhelo festivo es sólo de alegría, de comodidad vital, insiste en ver el mundo sin peligros – sin espinas ni precipicios.

Ahora bien: se infiere claramente que una exageración del espíritu de la gracia puede conducir a la negación de todos los valores. El deseo de limar asperezas es susceptible de convertirse en un prurito de allanar relieves. Y empezándose por codiciar la comodidad vital de la alegría, se puede llegar a exigir ese lujo vital que es la absoluta independencia de toda autoridad. Insensible-mente, en efecto, por obra de diversos factores que en seguida veremos la burla ligera y sana que nace de la gracia se pervierte con la sistematización hasta convertirse en choteo.

Pero esto no es fatal. Suponer que esa perversión se opere en todos los cubanos es, por supuesto, una exageración absurda. La gracia misma no es privilegio de toda la especie tropical. Abundan más de lo que suele suponerse los cubanos solemnes, los cubanos serios e incapaces de choteo, como abunda también el andaluz dejado de toda gracia. Lo que sí puede y debe afirmarse es que hay en la idiosincrasia cubana rasgos peculiares que, originados una veces y acusados otras por el clima o por las circunstancias sociales en que hemos venido desenvolviéndonos, tienden a facilitar esa perversión de la burla que llamamos choteo.

Ligereza e independencia

De estos rasgos, el que con más frecuencia se subraya es el de la ligereza criolla.

Ramiro Guerra, en un admirable capítulo de su Historia, declara que el cubano "sólo tiene aparentemente la obstinación de la ligereza", y parece sustanciar esa afirmación cuando añade que "la principal debilidad de su carácter radica en esa falta de aptitud para aceptar una actitud y darse a ella por entero, infundiéndole todo el vigor y la fuerza de su alma." Así entendida, la ligereza es, pues, una falta de consecuencia. Pero ¿a qué contextura psicológica responde?

Hasta por las connotaciones lingüísticas de la palabra, la ligereza es una falta de gravedad; y lo que metafóricamente queremos decir con esto es: una falta de ponderación, de aptitud para tomarles el peso exacto a las cosas. ¿A qué puede deberse esto si no es a una falta de atención suficiente, ya que la atención sostenida es lo que invita a la reflexión, a volver sobre el primer aspecto de lo enjuiciado y medir exactamente su relieve y sus alcances?

Esta falta de atención suficiente –que, como ya vimos, es una de las condiciones del no respetar– se origina en la impresionabilidad excesiva que el cubano comparte con todos los pueblos tropicales. Por lo mismo que nuestros sentidos se mantienen constantemente alertas bajo el látigo de la luz implacable, la inteligencia criolla se impresiona fulminantemente; pero le acaece también lo que a las fotografías instantáneas: que la imagen sólo perfila bien los primeros términos y la impresión dura poco. En otras palabras, nuestra mentalidad media carece del sentido de la tercera dimensión –la dimensión de profundidad. Vemos las cosas en contornos más que en relieve. Las implicaciones más hondas, los alcances más lejanos, se nos escapan casi siempre. De ahí que toda la vida se nos convierta un poco en escenografía, que a nada reconozcamos suficiente realidad para tomarlo muy en serio, ni suficiente importancia para darnos a ello por entero.

Ya un militar español del siglo pasado, el General Concha, que tuvo ocasión de observarnos de cerca, declaraba cifrada nuestra felicidad "en un tiplecito, un gallito y una barajita". La frase tiene los elementos de verdad que tiene toda caricatura, aunque sea muy apasionada. Ya los diminutivos empleados aluden a esa tendencia nuestra a "chiquear" las palabras, tendencia que no se debe a una efusividad afectiva tanto como a otra característica que luego veremos: la familiaridad, el no darle demasiada importancia nada, poniéndolo todo en el nivel de lo más íntimo. Pero la frase es, además, significativa porque limita nuestra ambición (e implícitamente nuestra capacidad de apasionamiento) a la diversión y al juego.

Esta afición al juego, que somos los primeros en reconocer como algo característico, merecía un estudio especial. Nada más complejo que la emoción del jugador. Hay en ella una mezcla curiosa de audacia y de miedo, de vehemencia y de cautela, de desprendimiento y de codicia. Pero el hecho que ahora nos interesa es que esa afición suele ser característica de todos los pueblos impresionables. Cuando se subordina a la emoción congestionada de una hora la seguridad y la tranquilidad del futuro, es porque se carece de previsión suficiente, es decir, del sentido de evaluar en abstracto.

En el mismo rasgo psicológico ha de verse también el fundamento de una de nuestras más bellas cualidades: el desinterés. ¿Qué cosa es el ser interesado, sino el evaluar demasiado en perspectiva –una forma de calculismo? Hasta para explicar el hecho económico del interés bancario, se recurre a un fenómeno de perspectiva: a medida que se aleja su posesión, el dinero se estrecha como se estrechan en la distancia los rieles de un tren. El interés es la compensación de ese estrechamiento. No es interesado el cubano, porque carece del hábito o de la óptica mental para proyectar las cosas sobre el futuro. Su retina, como la de ciertos insectos, no enfoca por igual los primeros y los últimos términos. Lo superficial y lo profundo se sitúan para él en un mismo plano de apreciación y, por consiguiente, de estimativa. La satisfacción presente es lo que importa. De ahí, una mezcla peculiar de virtudes y defectos: nuestra incomparable liberalidad, nuestro hedonismo, cuanto hay de ingénuo en nuestra malicia y de dócil en nuestra indisciplina, lo susceptibles que somos al halago

77

y a la censura aparentes, nuestro indiferentismo hacia las empresas de cierta trascendencia, nuestro afán utilitario a despecho de nuestra largueza y, en fin, nuestro choteo.

El otro rasgo cardinal de nuestro carácter es la independencia. No una independencia del tipo zahareño y bravío, sino del plácido y evasivo. Alguien ha dicho que el ideal de los españoles se puede expresar con esa frase castiza: hacer su real gana. De los españoles hemos heredado, quizás, ese espíritu; pero en nosotros asume una forma menos díscola y activa. El cubano generalmente se contenta con que no lo molesten. La libertad en abstracto le tiene sin cuidado, con tal que no llegue a afectar su personal albedrío. Permanece insensible y hasta aquiescente a las arrogaciones y a los rigores excesivos de la autoridad mientras no siente en lo vivo de sí mismo la lastimadura. Somos, como ya observó de los españoles Ortega y Gasset, más sensibles a la violación del fuero privado que a la del público, y no nos decidimos a la protesta sino cuando el exceso de dominio coarta la personal independencia.

Esta independencia se defiende contra toda forma de relación que le imponga un límite, un miramiento. De aquí que el cubano tienda por natural instinto a abolir toda jerarquía y a situar todas las cosas y valores en un mismo plano de confianza. Así se origina la comentadísima familiaridad criolla, que es tal vez el rasgo más ostensible y acusado de nuestro carácter.

Cuando venimos a Cuba del extranjero –sobre todo si venimos de algún país de más densos humores, los Estados Unidos o la misma Francia, por ejemplo– nos sorprende en el mismo muelle cierta atmósfera de desprendimiento y de compadrazgo estentóreo que parece ser el clima social de Cuba, correspondiendo a la calidez y a la luminosidad físicas. Allí mismo, en el umbral de la Isla, el agente de equipajes o de hotel nos abordará sin ese comedimiento servil que tienen sus congéneres de otras latitudes, nos dirá "chico" y nos tratará como si para nosotros hubiera estado reservando siempre la más efusiva camaradería. Unas horas más de inmersión en el medio tropical nos convencen de que hemos llegado a una tierra totalmente desprovista de gravedad, de etiqueta y de distancias. Por ninguna parte se advierte en las gentes aquella circunspección, aquel recato, aquella egoísta absorción en el propio negocio que hacen del espectáculo nórdico y del europeo en general una sinfonía en gris mayor. Todo en Cuba tiene la risa de

78

su luz, la ligereza de sus ropas, la franqueza de sus hogares abiertos a la curiosidad transeunte. Ningún indicio de sobriedad ni de jerarquía nos impresiona. Se observa, al contrario, por doquier, un despilfarro de energías, de hacienda, de confianza. Las gentes hablan en voz alta, se embriagan del reboso de las copas las maderas ya empapadas de las cantinas, el automóvil ha perdido la seriedad metódica del taxímetro, pero se ha convertido en un vehículo popular, desde cuyo pescante nos dirige el chauffeur las más obsequiosas confidencias. Estamos en la perfecta república. Todo es de todos. Y así como la luz encendida y vibrante parece anular las lejanías y los claroscuros, una luminosidad espiritual que irradian todas las caras anula las distancias sociales y allana todos los relieves jerárquicos.

A nadie puede sorprender que en un ambiente tal se tienda a esa anulación sistemática de todos los respetos que es el choteo. La independencia del cubano le induce a suprimir la autoridad, aunque sea en el trato social. El tuteo priva, y las personas de más importancia responden por su nombre de pila, cuando no por un disminutivo del mismo, o por un cariñoso apodo. Pero ya dije que más que cariño lo que hay es igualitarismo, familiaridad o, para decirlo con una palabra de connotaciones muy afines: "parejería",[7] cuidado de que todos estemos parejos.

Ahora bien: la relación que este instinto igualitario tiene con el choteo no es menos evidente que la que con él guarda nuestra cubana ligereza. Ya vimos que el choteo se producía, o por una falta de atención, o por un sentido insuficiente de la autoridad. Donde todos somos reputados y tratados como iguales, no hay autoridad alguna. Un proverbio inglés advierte que la familiaridad engendra el desprecio. Y ciertamente la familiaridad criolla, tan simpática en otros aspectos, no ha sido fecunda en respetos, como tampoco lo ha sido en posibilidades de verdadero humorismo. La familiaridad sólo propicia la burla. Pío Baroja ha observado con

---

[7] Restituyo aquí a esta palabra tan nuestra el que me parece ser su sentido primario. Ha llegado, en efecto, a asumir, por derivación, el de "persona que se da tono, que se considera superior", actitud contraria al igualitarismo. Sin embargo, ese sentido proviene de la misma idea de presunción que se asoció al vocablo cuando primeramente se le empleaba, como es notorio, para designar a los individuos de color que se conducían como blancos, que "se emparejaban" con él.

sutileza que las posibilidades del humorismo aumentan "cuanto más dominio del estilo, de la retórica, de la seriedad hay en un plano de la vida". "En Nápoles, en Sevilla o en Valencia –agrega– no ha habido humorismo; en cambio lo ha habido en Londres, y es que la vida inglesa es, de todas las vidas europeas, la más sólida, la más tradicional y la más solemne". En hondo sentido, esto es también lo que señalaba nuestro Varona, cuando escribía que "el humorismo del pueblo inglés es una de las manifestaciones de la conciencia de su fuerza", es decir, del tomarse a sí mismo en serio. En el pueblo pequeño, la conciencia de que, por su debilidad, no se le respeta, hace que todos dentro de él se respeten menos, anulando aquellos contrastes que invitan al humorismo.

Estas dos disposiciones espirituales nuestras –la ligereza y la independencia– han sido, pues, el caldo de cultivo del choteo. Pero ellas no producen naturalmente más que un choteo benigno, por así decir, una cierta jocosidad irónica y escéptica que muy bien pudiera ser el "substratum" de la gracia criolla, como lo es de la gracia andaluza. Los conocedores de Andalucía nos aseguran que también allí se advierte un ambiente y una actitud parejos; y no podemos olvidar –aunque tampoco quepa atribuirle al hecho la desmedida importancia que a veces se le supone– que buen número de nuestros progenitores españoles fueron andaluces. Leyendo las comedias de los Quintero, notamos que la gracia cuajada en ellas tiene muchas semejanzas con ese benigno choteo criollo. Por lo pronto, no es una gracia de sentido universal, sino condicionada por el ambiente en que se produce. De ahí que las comedias de los Quintero sean difícilmente traducibles: su comicidad, espolvoreada apenas de ingenio, no movería a risa a un escocés o a un alemán. Además, se trata también, como en Cuba, de una cierta "sans facon", de un perenne desenfado, de un sentido independiente y hedonista de la vida, reacio a toda sujeción social excesiva.

Pero también esa gracia bética, al igual que la nuestra, lleva en sí misma los gérmenes de una fermentación que hacen de ella, a menudo, algo tóxico y desbordante. Así como la exageración de la gracia criolla produce el choteo en su forma más perniciosa, la exageración de la gracia andaluza es lo que allí se llama "pitorreo", fenómeno regional casi idéntico al nuestro, sobre el cual don Américo Castro me hacía, recientemente, finos y deploradores comentarios. El individualismo que informa la concepción española de la vida, unido a cierto sensualismo fatalista de procedencia africana y todo ello caldeado por un clima no muy distinto del nuestro, establece esa semejanza entre lo andaluz y lo cubano.

El choteo y la improvisación

Claro está que en la formación de nuestro choteo han intervenido factores externos peculiares.[8] El que más inequívocamente ha propiciado el choteo ha sido nuestra rápida y próspera evolución colectiva.

Hay una relación de recíproca influencia entre el carácter y la experiencia de un pueblo. Si la idiosincrasia nacional modela a su manera la historia, también creo que la historia misma deja su impronta en el carácter. A esto tal vez se debe un hecho a mi juicio evidente: que el carácter nacional no sea cosa tan fija como se supone. Los acontecimientos políticos de trascendencia vital, los flujos y reflujos de la prosperidad económica, las variaciones en las costumbres –determinadas en gran medida por variaciones en los modelos y normas de conducta– hacen que surjan y se destaquen del fondo complejo de la idiosincrasia las formas de comportamiento más adecuadas a las diversas situaciones exteriores y, por consiguiente, más diversas entre sí.[9]

---

[8] El contacto con la psicología africana, a que acabo de aludir, pudiera ser uno de ellos. En parte por desidia, en parte también por pusilanimidad social e intelectual, esa influencia no ha sido aún estudiada entre nosotros con el detenimiento y el rigor que algún día habrá que poner en ello, si queremos tomar conciencia de nuestro complejo nacional. No pretendo insinuar aquí que el negro sea un agente de choteo. Por el contrario, aporta a nuestra vida de relación más solemnidad, seriedad y respeto de lo que pudiera suponerse. Acaso peca de observador superficial Paul Morand, en su reciente Magie Noire, cuando se pregunta: Ignore-t-il que Dieu a fait don aux negres de son plus precieux trésor: la joie? Así y todo, no me parece improbable que el hombre de color, por su caudal de inestrenada vitalidad, por su índole impresionable y sensual y por su carencia de aquel pesimismo que dan los trabajos seculares de la civilización, haya acentuado ciertos rasgos criollos que, en el hombre blanco, resultan propicios al choteo, al aliarse con otros factores psíquicos.

[9] Nota añadida por Mañach a la edición de 1955:
Tan es ello así –añado en esta nota de 1955– que hoy día se puede afirmar, si no la desaparición del choteo en Cuba desde los años críticos que vinieron poco después de escrito este ensayo, al menos su atenuación. El proceso revolucionario del 30 al 40, tan tenso, tan agustioso, tan cruento a veces, llegó a dramatizar al

Si en biología la función crea el órgano, en psicología la actitud indicada u obligada crea muchas veces eso que llamamos el rasgo de carácter. Así, es lógico que durante el período libertador el cubano fuese proclive a la ironía o a la taciturnidad, como ahora lo es a la franqueza y a la burla. La vigilancia española de las actitudes obligaba entonces a un cauteloso recato; el espectáculo de la patria afanada tras su propia dignidad y las fatigas y privaciones que acarreaba lograrla, no podían menos que originar una inhibición de la alegría, ya que ésta es siempre un indicio de comodidad vital.

En cambio, advenida la República, la restauración económica fué tan rápida y tan pingüe que se creó pronto una atmósfera de venturina. Poseer y mandar fueron privilegios relativamente accesibles. Vimos instalarse en el poder y ejercer autoridad, al lado de hombres que se habían conquistado ese derecho en la manigua, otros a quienes habíamos tuteado en todos los mentideros y tertulias. La improvisación tuvo que regir por mucho tiempo en todos los sectores de la vida cubana; y así como se crearon, de la noche a la mañana, instituciones y apoderados que se hicieron cargo, bien o mal, de las funciones públicas, así en otras zonas, en las docentes, en las profesionales, en el arte y en la literatura, se improvisaron también órganos y agentes de satisfacción escasamente idóneos. No sería difícil, creo yo, precisar la influencia que han ejercido sobre el carácter criollo en los últimos tiempos el periodismo vocinglero y aldeano que generalmente hemos padecido, el arribista intelectual que ha sentado plaza de maestro, el profesional que se ha prestigiado míticamente, el político con antecedentes impublicables, la revista que ha querido ser cómica y no ha pasado de chocarrera o la farsa que, so capa de criollismo, ha escondido sólo una pornografía grosera y una esquemática plebeyez. Toda esta tropa de enganche, todas estas suplantaciones, unas veces por inculcación directa de falsos criterios y de gustos espurios, otras por ineptitud para la defensa de lo verdaderamente valioso, nos enviciaron en la superficialidad, en el escepti-

cubano, al extremo de llevarlo en ocasiones a excesos trágicos. Ya el choteo no es, ni con mucho, el fenómeno casi ubicuo que fué antaño; ya la trompetilla apenas se escucha, o, por lo menos, no tiene presencia circulatoria. La historia nos va modificando poco a poco el carácter.

cismo o en la chocarrería, determinando la quiebra del respeto, actitud delicadísima, por lo mismo que contraría las díscolas apetencias del instinto.

El ambiente social, pues, con esas modificaciones e improvisaciones inevitables, ha contribuído tan poderosamente a fomentar el espíritu antijerárquico de nuestra burla, que casi pudiera decirse que ha engendrado el choteo. Más que una tendencia inmanente de nuestro carácter, éste es el resultado de una determinada experiencia colectiva. Nace del medio, antes que de la idiosincrasia. Yo he tenido oportunidad de comprobar esto en mis frecuentes relaciones con estudiantes cubanos en el extranjero. He notado que en los Estados Unidos y en Francia se comportaban del modo más circunspecto y con sólo una jovialidad de buena ley, jóvenes compatriotas a quienes luego he vuelto a ver aquí en Cuba posesos ya del diablillo del choteo. Es el espectáculo de la autoridad falseada lo que exacerba el natural espíritu crítico de la gracia criolla.

Efectos del choteo

Así se explica que, junto a las más funestas consecuencias en el orden moral y cultural, el choteo haya ejercido, en ciertos casos, una función crítica saludable. Como dirige su burla sistemáticamente contra todo lo autorizado, algunas veces ha tenido que acertar.

No todas las autoridades son lícitas o deseables, y por eso siempre fué la burla un recurso de los oprimidos –cualquiera que fuese la índole de la opresión. Al par que uno de los grandes padecimientos del cubano, la burla crónica ha sido una de sus grandes defensas. Le ha servido de amortiguador para los choques de la adversidad; de muelle para resistir las presiones políticas demasiado gravosas y de válvula de escape para todo género de impaciencias. En otras palabras, ha sido entre nosotros un descongestionador eficacísimo. Como su operación consiste en rebajar la importancia de las cosas, es decir, en impedir que éstas nos afecten demasiado, el choteo surge en toda situación en que el espíritu criollo se ve amargado por una autoridad falsa o poco flexible.

Cuando esa autoridad, cualquiera que sea su jurisdicción, es genuina y tiene razón de imperio, el choteo no puede justificarse sino como un resabio infantil en un pueblo que todavía no ha tenido tiempo de madurar por su cuenta. Pero cuando se trata, como tan a menudo sucede, de una autoridad huera o improvisada que no se comporta como tal, el choteo es un delator formidable.

Su arma tremenda para esos casos suele ser, como todos sabéis, la "trompetilla".[10] De todo el repertorio hasta ahora conoci-

---

[10] En la edición de 1955 cambia Mañach estos párrafos:
...la "trompetilla" por más oblícua y lejana, parece desarmar y hasta disolver por el momento la dignidad a que se dirige. Es una mínima saeta que se clava siempre en el blanco –en el centro de gravedad– flameando una banderita de ridículo. Claro que resulta demasiado burda, y muchas veces demasiado frívola e irresponsable, para constituir una sanción más que momentánea; demasiado indigna ella misma para desvirtuar el exceso de dignidad que llamamos prosopo-

do de emisiones o ademanes despectivos, está probado que la trompetilla es el más contundente, acaso por ser el más cargado de alusiones abyectas. No hay gravedad, por imperturbable que sea, en que no cale esa estridente rociada de menosprecio. Podéis sacarle la lengua o escupir a su paso sin que le haga mella el gesto; pero la trompetilla es una saeta que se clava siempre en el blanco –en el centro de gravedad– flameando una banderita de ridículo. Por eso es tan eficaz para punzar soberbias o meros prestigios inflados. A Cuba suelen venir gentes de arribazón, ganosas de remozar un prestigio raído, o simplemente de ejercitar una ilusión profesional. Llegan como a tierra conquistada, henchidos de suficiencia extranjera. Una trompetilla los desinfla a su tiempo. También el nativo ha de pensarlo tres veces antes de engreirse en su tierra. En las soledades del gabinete o en el ambiente familiar de la sobremesa, puede el narciso tropical contemplar su imagen sin que nadie la vulnere. Mas apenas intenta pasearla por la plaza y hacer de una ilusión íntima una autoridad pública, el choteo le sale al paso y le baja los humos.

En esa sanción colabora el choteo verdadero –es decir, el sistemático– con la gracia criolla que le sirve de substratum. Esta ya no es sistemática; pero sí muy exigente. La falta de penetración honda, de sentido de profundidad y lejanía, le priva muchas veces al cubano de apreciar al primer golpe de vista –que es generalmente el único que cultiva– la trascendencia o las implicaciones de un hecho cualquiera. De aquí que todos los valores tengan que acusarse muy fuertemente, con una gran solidez y rotundidad, para que el cubano medio los calibre. Pero entonces nadie los respeta más, aunque no los acate ni se ponga al servicio de ellos. Si la mediocridad es tan tolerada en Cuba, es porque la intolerancia

---

peya.

Pero tampoco hay duda de que ciertas sanciones de ese género menor son a veces saludables. Por ejemplo: a Cuba suelen venir personajillos de arribazón, ganosos de remozar un prestigio raído en su tierra. A la nuestra llegan como a tierra conquistada, henchidos de suficiencia. La burlilla del país los desinfla a su tiempo. Y también el nativo ha de pensarlo tres veces antes de engreirse. En su intimidad doméstica puede el narciso tropical contemplar su imagen sin que nadie la vulnere; mas apenas intenta pasearla y hacer de una ilusión íntima una autoridad pública, el choteo le sale al paso y le baja los humos.

supone una autoridad, cosa repulsiva en sí. El cubano la rechaza como rechaza toda superstición, todo dogma o beatería. Sería un propagandista admirable del libre examen, si no fuese demasiado impresionable para cultivar el examen como actitud. Pero para llevarle a una aceptación íntima de lo mediocre, es indispensable tocar en él los resortes del sentimiento.

Y aun así. Esos resortes emocionales están en él —como en casi todos los pueblos de nuestra estirpe— sumamente tensos y dispuestos. Nadie se emociona con más facilidad ni con más pueril plenitud que el cubano. Los políticos, que constantemente hacen uso de ese recurso oratorio que ellos llaman "llegar a las fibras" del pueblo, conocen bien esa hiperestesia, ese lugar blando y expuesto que hay siempre en la encarnadura criolla. Las canciones típicas de Cuba lo denuncian con notoria elocuencia. Se ha llegado incluso a decir que, "en el fondo", somos un pueblo de intensa melancolía. ¿Cómo se compadece esto con el choteo, que es burla y jácara consuetudinarias?

También aquí actúa el choteo como un descongestionador espiritual, rebelándose contra la autoridad del sentimiento. El cubano es tan "cheche", tan celoso de su independencia, que no quiere aparecer sometido ni siquiera a su propia emoción. Muchas veces, en el teatro, en el cinematógrafo, observamos que algún espectador vecino se ríe o dice algo jocoso en el instante más patético de la representación. Solemos pensar que es un salvaje. Algunas veces lo es; otras, es un pobre diablo que tiene un nudo en la garganta. El choteo viene entonces a ser como un acto de pudor, un pliegue de jocosidad que nos echamos encima para esconder nuestra tristeza íntima, por miedo a aparecer tiernos o espirituales.

Cuenta Francisco Figueras, en un libro muy estimable y muy olvidado, como todos nuestros buenos libros,[11] una anécdota patriótica que él estima expresiva del "volterianismo" de nuestro carácter, pero sin subrayar ese elemento de pudor que informa su ironía: "G. del C. uno de los estudiantes de medicina condenados a presidio en 1871, usaba con orgullo una espléndida barba rubia que le asemejaba a un joven lord. Mientras se oían las descargas

---

[11] Francisco Figueras, Cuba y su evolución colonial. Habana. 1907.

que daban fin a la vida de sus condiscípulos, G. del C., que acababa de sufrir la tonsura, vestir el traje y remacharse la cadena reglamentaria del presidio, penetra en el calabozo donde sus compañeros esperan su turno en la fúnebra toilette –Ecce homo, les dice."– De fijo, todos se rieron con la frase; pero es probable que también se estuvieran tragando las lágrimas.

Esta ironía pudorosa es, tal vez, la única que el cubano practica con acierto. Toda ironía es, más o menos, una forma de simulación, de doblez, puesto que consiste en decir lo contrario de lo que se siente o se piensa. Pero el cubano es tan sincero –sincero hasta cuando miente, cosa que hace sin escrúpulos– que le repugna toda forma irónica de impugnación. Prefiere el choteo, que es la mofa franca, desplegada, nada aguda generalmente, como que no tiene hechura de dardo, sino más bien de polvillo de molida guasa, que se arroja a la cara de la víctima. El choteo la desconcierta, no por su contundencia, sino por el ambiente ahogador de alusiones, de equívocos, que va formando en torno a ella. A veces, su procedimiento es el de la diatriba: se limita a ir desvistiendo a su víctima, despojándola, una a una, de todas las prendas en que cifra su vanidad o su gravedad. Otras, como en el caso actual de cierto popular político, a quien el choteo se empeña en presentar como un caso pintoresco de analfabetismo, ensáñase nuestra burla con una flaqueza más o menos real, la tergiversa, la abulta y, a la manera de la caricatura, acaba por hacer de Narciso un monstruo.

Como se ve, todos estos efectos del choteo medio, del choteo difuso y casual, rayano en la pura gracia, son por lo menos inocentes. Cuando el choteo resulta notoriamente pernicioso es cuando se convierte en absoluto y habitual; cuando no es una reacción esporádica, sino un hábito, una actitud hecha ante la vida. Este choteo por antonomasia resulta entonces una perversión del gracejo criollo, que no es sino la sal de una tierra de azúcar. No creo que aquel vicio ni esta cualidad sean absolutamente peculiares de nosotros. Hay muchos pueblos que tienen una gracia semejante a la nuestra y en que esa gracia sufre pareja corrupción. Pero el hecho es que nuestra palabra choteo es privativa y que con ella designamos indistintamente nuestro vicio y nuestra virtud jocosas.

Cuando se ha hablado mal del choteo, cuando se ha visto en él la manifestación de un estado moral y social alarmante, se ha querido aludir al choteo sistemático, no a la gracia cubana. Y en efecto, aquél es responsable de una gran parte de la morosidad con que hemos progresado hacia la realización de un cierto decoro social y cultural. Por su índole ciegamente individualista, el choteador ha sido personalmente estéril para toda faena en que fueran requisitos el método, la disciplina, el largo y sostenido esfuerzo, la constante reflexión. Lo peor, sin embargo, es que, como el perro del hortelano, si no trabajó, tampoco dejó a los demás trabajar. Ha sido la rémora, el succionador de entusiasmos por excelencia. De ellos se alimentaba. Dondequiera que percibía un aleteo de aspiración, un empeño de mejor vida, aplicaba en seguida la ventosa de su burla.

Os mencionaré un ejemplo. Recordad la mofa que antes se hacía, en nuestra Universidad, de los alumnos afanosos de saber. Se les llamaba filomáticos, se les acosaba como traidores a una causa juvenil que tuviera por principio el santo derecho de la holganza. Claro que había mucho de mera frivolidad juvenil en ello; pero es que esa burla se extendía también a otros sectores más responsables y maduros en la estimativa, llegaba hasta a contaminar la opinión pública. Si en todas partes el intelectual respira más o menos indiferencia, aquí ha solido aspirar los gases asfixiantes del choteo. Y no por un simple odio primitivo a la cultura; sino porque ésta, como acaba de recordarnos un fino ensayista argentino, Arturo Cancela,[12] comporta necesariamente una servidumbre, una disciplina. Al intelectual se le ha ridiculizado más entre nosotros mientras mayor rigor ponía en su faena.

Por esa misma servidumbre al ideal, se ha hecho mofa del político que tomaba en serio —en "romántico", como se decía— la tarea de gobernar al pueblo o de legislar para él. El choteo entronizó así la inverecundia, el "poco más o menos", el arribismo en todas las zonas del esfuerzo. Y llegó a minar tan hondo el sentido de la autoridad, que por mucho tiempo hizo imposible o antipática toda crítica que no fuera de su propio linaje, es decir, entreverada de burla irresponsable.

A esta última influencia se debe, singularmente, ese confusionismo y ese tuteo intelectual que todos observamos —y padecemos— aún en nuestro medio. Es difícil todavía hacerse de autoridad en

---

[12] Palabras socráticas de Arturo Cancela. M. Gleizer, editor. Buenos Aires, 1928.

Cuba; es difícil, por lo menos, hacerla valer. Aunque el núcleo de la opinión pública es siempre más o menos intensamente sensitivo al mérito, todavía no se ha formado entre nosotros esa vigilante solidaridad, esa noble disposición colectiva para la defensa del valor genuino, que en otros países constituye la principal garantía de toda levantada y honesta actuación. También nuestra opinión pública, aún cuando más convencida esté de la autenticidad de un valor, carece de aquella consecuencia entre la convicción y la conducta que Guerra descubría en el individuo cubano. Así, es siempre posible que cualquier "chisgarabís" se crea con derecho a discutir los pareceres del especialista más autorizado, y que el talento o la larga dedicación se hallen un poco a la merced del primer bufo que les salga al paso, a veces con una pluma en la mano.

Aún pudiera abundar en la pormenorización de las influencias perniciosas que cabe atribuir al choteo en el orden moral y social, si no hubiese ya fatigado en demasía vuestra generosa atención. Por otra parte, ha sido menos mi propósito el considerar los efectos –sobradamente conocidos– de ese fenómeno, que el de explorar su naturaleza. Analizada ésta, las consecuencias en todos los órdenes son en su mayor parte evidentes. Por modo general pudiera decirse que el choteo ha tendido a infundir en nuestro pueblo el miedo a todas las formas nobles de distinción –el miedo a ser "demasiado" intelectual, demasiado espiritual, demasiado cortés y hasta demasiado sensato o elegante. ¿Quién no recuerda, en efecto, una época en que era imposible en nuestra Habana salir a la calle –no ya con capa y chistera, indumento sin duda algo ridículo– sino con un mero abrigo en días de rigor invernal?

Transitoriedad del choteo

Pero, afortunadamente, hablamos de una época ya casi enteramente pasada. Así como el choteo ha sido el resultado de un ambiente, también lo ha sido de un determinado período que ya toca a su fin –el período que pudiéramos llamar de improvisación en nuestra vida nacional. Las cualidades de nuestro carácter que constituyen los elementos psicológicos aprovechados por el choteo, son inmanentes, y aunque no de una irremediable fijeza, sí de muy lenta mudanza. Por mucho que la sangre se diluya y se alteren las costumbres, siempre estará ahí nuestro clima para cuidar de que seamos un poco ligeros, impresionables, jocundos y melancólicos a la vez, y éstos serán los fundamentos de nuestra gracia nativa. Lo que hay que evitar es que esa gracia degenere en choteo, y yo pienso que ello se va logrando por sí solo cada día con el advenimiento gradual de nuestra madurez, con la alteración paulatina de nuestro clima social. A medida que nos hacemos más numerosos, más ricos y más refinados, a medida que eliminamos nuestra primitiva aldeanidad de pueblo joven, acrecentamos nuestro sentido de la jerarquía y disminuímos, por consiguiente, las condiciones de vida del choteo.

No estará demás, sin embargo, que pongamos de nuestra parte todo el esfuerzo necesario para activar esa evolución, saturando nuestro ambiente de aquellas sutiles esencias de respeto que son el antídoto de la burla desmedida. Fundamentalmente, ésta es una empresa de educación. La aptitud para respetar es, en definitiva, una aptitud para evaluar y, por tanto, no depende sino del grado de cultura que posea un individuo –de aquella cultura que no consiste tanto en un amplio bagaje de conocimientos como en una fecunda disciplina del espíritu, en un hondo anhelo de compenetración con "todo cuanto, en la naturaleza y en la historia, es esencial al mundo."

Recordaremos siempre el luminoso pasmo de Chesterton que, enfrentado un día con los respetuosos campesinos de Castilla, exclamó: "¡Qué cultos son estos analfabetos!" En Cuba nos hemos dedicado con mucho ahinco hasta ahora a hacer hombres noanalfabetos, hombres ilustrados; pero no a hacer hombres de cultura. Nuestra educación, no sólo ha sido defectuosa en cuanto ha dejado de corregir en determinados individuos ciertas inclinaciones psíquicas viciosas que –como la envidia y su derivado el resentimiento– incuban el choteo sistemático; sino que además ha descuidado ofrecer normas, criterios, perspectivas y alicientes de perfección a nuestra juventud. En nuestros hogares se ha observado, en general, la falta de un verdadero espíritu normativo. A lo sumo, ha imperado un ánimo disciplinario; pero de un modo coercitivo y dogmático, sin infundirle al niño hábitos de reflexión que le capacitasen para evaluar por su cuenta. En la escuela y en la Universidad, el excesivo positivismo de una enseñanza de escasísima especificación individual y más atenta a señalar caminos de medro que a descubrir panoramas de cultura, ha privado también a nuestra juventud de ejercitar el sentido de valoración, de disciplinar sus curiosidades y fecundar sus alegrías con el entusiasmo auténtico.

Alegría y audacia

El entusiasmo auténtico, digo.

Hubiera errado mucho su propósito esta conferencia, señores, si os dejara la impresión de que, al condenar el choteo sistemático, he querido también desestimar o menospreciar aquellas manifestaciones del jovial ingenio que son la sal de la vida, o aquella alegría limpia y sana cuyo cultivo es, precisamente, la consigna de nuestro tiempo. La misma burla es a veces lícita y necesaria: cosas hay –decía Gracián– que se han de tomar de burlas, y tal vez las que el otro más de veras"; pero "el mismo nombre de sales está avisando cómo se han de usar", y lo detestable es tan sólo "venir a parar en hombre de dar gusto por oficio, sazonador de dichos y aparejador de la risa".

La alegría es aún más apetecible, porque, cuando es alegría auténtica, denuncia una juventud interior, una riqueza de vitalidad que multiplica nuestro entusiasmo para todas las faenas del esfuerzo. Si por algo el arte de nuestro tiempo sustenta una briosa reacción contra el romanticismo de nuestros mayores, es precisamente porque al romanticismo –melancólico y lacrimoso– le faltaba esa energética alegría del hurra, que estremece, como una conquista o como una aspiración, hasta el arte más dramático de la hora actual.

Finalmente, al invocar la necesidad de más y de mayores respetos, no he querido tampoco cortarle las alas a aquel nativo espíritu de independencia que conquistó nuestras libertades públicas y que es la más honda garantía de su preservación. Creo, por el contrario, que en muchas zonas de nuestro esfuerzo andamos faltos todavía de intrepidez y de audacia. Pero así como la alegría, para que sea fecunda, para que realmente ilumine nuestras vidas, ha de tener motivos verdaderos de satisfacción –diáfanos focos interiores de amor y de estima–, así también la audacia es sólo válida y decorosa cuando la abonan una responsabilidad y una disciplina.

Asistimos a un albor de madurez en que se esbozan ya, a despecho de ciertas nebulosidades transitorias en lo político, firmes claridades del espíritu. El sentido crítico se acendra en Cuba por doquier con el advenimiento de una juventud enfrentada a una mayor experiencia colectiva. El choteo como libertinaje mental está a la defensiva. Ha llegado la hora de ser críticamente alegres, disciplinadamente audaces, conscientemente irrespetuosos.

Apéndice

He aquí el texto completo de la tarjeta de Unamuno citada en la página:

M. de Unamuno
Hendaye (B. P.)

Acabo de leer –amigo mío (y por qué no?)–su "Indagación del choteo". Bien!

En apoyo de la etimología de choto, cabritillo, que cita, apunte cabrear. En España se dice que le tienen a uno cabreado cuando molesto, por harto de burlas. En lo que creo poco es en "ese típico tópico del trópico" y no debo añadir el endecasílabo que sigue con otro juego de palabras conceptistas.

Otra observación muy atinada de usted me ha hecho recordar a cierto trágico criollo cubano al que conocí y traté, espíritu muy inteligente y muy sensible aunque pedantesco filomático, injustamente casi olvidado ahí y aquí, poeta pesimista hondo, torturado mártir –en los dos sentidos, en el primitivo de testigo, y en el corriente– de esa arrolladora pasión hispánica que traté de sondar en mi "Abel Sánchez".

Y ahora allá va esto a propósito de eso de la "nueva sensibilidad" que no deja de tener alguna relación con lo susodicho:

Muchachos, qué enorme calemo /la nueva sensibilidad! /De nuevo nada hay bajo el cielo; /fué del remendón la verdad. / "De nuevo? –decía– ni el hilo!" /hilo es la sensibilidad; /zurcís con él vuestro ya grito; /no hay otro ¡qué fatalidad!

Y pues queda sitio esto otro:

Eres, vilano, hilo en vilo, /¿a qué manto irás a dar? /nuestra vida está en un hilo /que el viento viene a quebrar./Hilo en vilo eres, vilano, /cuando te alcanzo al volar/ me tiembla de fé la mano/ y no te logra enhebrar.

Y aun otro:

Don Fapesmo Frisesomorum/ pensaba... –¡qué cosa más bárbara!/ lo que es todo un señor filósofo/ que no lograba pensar nada./

Y otro:

Cual la raíz de la acedia/ cáncer de la soledad?/ La más profunda tragedia/ la de la exfuturidad!

Le saludo y saluda al futuro "1 9 2 9", desde Hendaya, a 15 XII 1928, donde espera el fin de la obscena agonía de la pornocracia pretoriana española.

Miguel de Unamuno